So funktioniert das

Kauderwelsch-Prinzip

1. Die zusätzliche Wort-für-Wort-Übersetzung verdeutlicht die fremde Satzstruktur. Grüne Hinterlegungen zeigen Lücken zum Einsetzen von Wörtern bzw. Alternativen zum Auswählen an.

Japanisch	お茶 下さい。
Lautschrift	**o-cha kudas**
Wort-für-Wort	*grüner-Tee bit*
Übersetzung	Grünen Tee,

2. Dies erleichtert anschließend das Einfügen der gewünschten Wörter in die Sätze.

紅茶	**kō-cha**	schwarzen Tee
コーヒー	**kōhii**	Kaffee
ビール	**biiru**	Bier
お水	**o-mizu**	kaltes Wasser
牛乳 / ミルク	**gyūnyū / mir^{u}k^{u}**	Milch
ココア	**kokoa**	Kakao
ジュース	**jūs^{u}**	Saft
(お)酒	**(o-)sake**	Sake, Reiswein

AZ Im Wörterbuch am Ende des Buches gibt es noch mehr Wörter, die man sinnvoll einsetzen kann.

Inhalt

Japanisch lernen

Japanisch sprechen

Wörterbuch

Auf einen Blick

Japanisch

127

Millionen Menschen

sprechen Japanisch als Muttersprache

1006

Kyōiku kanji

(„Erziehungs-Kanji") bilden den Mindestzeichensatz für die Grundschule

4

Schriftsysteme, die parallel verwendet werden

4x „Mensch":
人 **(kanji)**
ひと **(hiragana)**
ヒト **(katakana)**
hito **(romaji)**

Japanisch, Eigenbezeichnung **nihon-go,** ist Amtssprache in Japan. Zwar werden im Japanischen chinesische Schriftzeichen **(Kanji)** verwendet. Die beiden Sprachen sind jedoch in keinster Weise miteinander verwandt.

Vorwort

Wer sechs Jahre lang täglich drei Stunden Schriftzeichen – **kanji** – paukt, hörte ich einmal, kann dann endlich mit Hilfe eines Wörterbuches japanische Tageszeitungen lesen. Das klingt ungeheuer schwierig und kompliziert. In der Tat, wer lesen und schreiben können will, braucht Jahre. Aber die gesprochene Sprache ist gar nicht so schwer. Und allein auf diese konzentriert sich dieser Sprachführer. Die beiden Silbensysteme Hiragana und Katakana stellen wir dennoch der Vollständigkeit halber vor. Die Grammatik des Japanischen ist zwar mit europäischen Sprachen überhaupt nicht verwandt, aber die Regeln sind einfach zu lernen und die Aussprache macht uns im Gegensatz zu den anderen ostasiatischen Sprachen keinerlei Mühe.

Höflich wie Japaner – **nihon-jin** – sind, werden sie unsere anfänglichen Bemühungen sofort und vorschnell belohnen:

nihon-go ga o-jōzu des^{u} ne
Japan-Sprache 1 ehrw.-geschickt ist nicht-wahr
Sie sprechen aber sehr gut Japanisch.

Bis das Kompliment seine wirkliche Berechtigung hat, vergehen in der Regel wie bei jeder Sprache Jahre. Aber die höflichen und gastfreundlichen Japaner freuen sich ehrlich darüber, dass Sie sich überhaupt auf ihre Sprache einlassen. Manche sind sogar so überrascht, wenn Ausländer – **gaijin** – einmal wirklich gut Japanisch sprechen, dass sie das gar nicht wahrnehmen und antworten: „Sorry, I don't speak English." Ich hoffe, dass dieser Sprachführer Ihnen helfen kann, intensiveren Zugang zu den Menschen in Japan zu bekommen und dass das Lernen dieser interessanten und schönen Sprache Ihnen zugleich auch Spaß macht.

Martin Lutterjohann

Top 5

Typisch Japanisch

№1 Reinlichkeit

Reinheit ist ein Kernkonzept der Shintō-Religion, die in Japan entstanden ist. Gemeint ist rituelle Reinheit. Aber in Japan gilt das ganz konkret: Der Schmutz der Straße darf nicht ins Haus. Im Eingangsbereich **(genkan)** gibt es eine Stufe, unterhalb der die Schuhe bleiben müssen. Innerhalb der Wohnung gibt es eigene Toilettenpantoffeln, die ihren Bereich nie verlassen dürfen.

№2 Verkaufsautomaten

Kein Land weist mehr Verkaufsautomaten auf als Japan, statistisch kommt einer auf 10 Bewohner. Und sie sind auch an Orten zu finden, wo man sie eher nicht vermutet: auf beliebten Berggipfeln (einschließlich dem Berg Fuji), in Hoteletagen, in Zügen. Neben Getränken (heiß und kalt, auch alkoholisch) wird alles Mögliche in Automaten verkauft.

№3 Gruppenmentalität

Während bei uns Individualität groß geschrieben wird, verwirklichen Japaner sich am liebsten in der Gruppe: dieselbe Schulklasse, dieselbe Schule, dieselbe Firma, derselbe Klub, in der eigenen Wohnumgebung **chōnaikai** – die Nachbarschaftsvereinigung, die die Belange der unmittelbaren Umgebung wahrnimmt und Feste organisiert.

№4 kawaii

Das Land der Samurai ist vor rund 50 Jahren zum Land des **kawaii** – niedlich, kindlich – mutiert. Jede Behörde, jede Stadt und Präfektur, selbst das Militär: alle haben ihr eigenes Maskottchen, meist in putziger Tiergestalt. Als „character goods" kann man die meisten auch kaufen. Besonders junge Frauen kleiden sich gern **kawaii** und sprechen mit kindlicher Tonlage.

№5 Roher Fisch

Die japanische Liebe zu **sashimi** (roher Fisch in Scheiben) und **sushi** (roher Fisch oder andere Zutaten auf gesäuertem gekochtem Reis) ist bekannt. Früher bei uns kaum denkbar, hat sich Sushi weltweit als japanischer kulinarischer Export etabliert, wobei Sushi den besonders zubereiteten Reis meint und nicht den Belag der Happen.

Land und Sprache

Japanisch ist aufgrund der über 120 Millionen Bewohner des japanischen Archipels eine der großen Sprachen der Welt. Es rangiert in der Zahl der Sprecher noch vor dem Deutschen. Außer den Japanern selbst sprechen es noch die größeren Minderheiten der Koreaner und Chinesen im Land. Aufgrund der kolonialen Vergangenheit und der Besatzungszeit während des Zweiten Weltkrieges können viele ältere Leute in Korea, China, Taiwan und anderswo heute noch Japanisch verstehen oder selbst sprechen. Auch nach Amerika (insbesondere Brasilien) ausgewanderte Japaner blieben ihrer Sprache häufig treu.

Wegen der wirtschaftlichen Bedeutung Japans in Asien und der Welt ist es heute an vielen ausländischen Schulen, auch in Deutschland, bereits Wahlfach und wird an Universitäten gelehrt.

Andere Sprachen spielen in Japan keine wesentliche Rolle. In Hokkaidō gibt es nur noch wenige Ainus, die ihre eigene Sprache beherrschen. Es werden immer weniger, so dass die Sprache der Ureinwohner Japans eines Tages vielleicht nur noch in Archiven gespeichert ist. Am südlichen Ende des Archipels, auf den Ryūkyū-Inseln, zu denen auch Okinawa gehört, werden dem Japanischen verwandte, aber von Japanern nicht verstandene Dialekte gesprochen. Standard-Japanisch, das auf dem während der Edo-Zeit (1600-1868) enstandenen Tōkyō-Dialekt basiert, verdrängt auch dort nach und nach die einheimischen Mundarten. Es gibt darüber hinaus regionale Dialekte und die städtischen Dialekte von Kyōto und Ōsaka, die Varianten des Kansai-Dialektes sind, doch sind die Unterschiede weniger groß als die zwischen den deutschen Mundarten.

Japanisch hat gewisse strukturelle Ähnlichkeiten mit den Altai-Sprachen (zu denen Türkisch und Mongolisch gehören). Der Satzbau und überhaupt die Grammatik des Koreanischen ist dem

Japanischen sehr ähnlich, aber der Wortschatz ist völlig anders.

Von den austronesischen Sprachen (z. B. Polynesisch) hat Japanisch vor langer Zeit viele Wörter vor allem aus dem maritimen und pflanzlichen Bereich angenommen. Obwohl Japan von den Chinesen die Schrift übernommen hat und daraus im Verlauf der Jahrhunderte die eigenen Silbensysteme des Hiragana und Katakana abgeleitet hat, besteht keinerlei Ähnlichkeit mit dem Chinesischen, außer dass viele Begriffe daraus entlehnt wurden.

Chinesisch hat für das Japanische in etwa die Funktion des Griechischen und Lateinischen für die meisten europäischen Sprachen.

Die Sprechweise der Frauen unterscheidet sich bisweilen deutlich von der der Männer: sie ist weicher, eleganter, eben „weiblicher" im traditionellen Sinne.

Aus dem Deutschen wurde übrigens auch eine Reihe von Wörtern übernommen, insbesondere aus dem Bereich des Bergsteigens und Skifahrens, vor dem Zweiten Weltkrieg auch aus der deutschen Medizin. In moderner Zeit liefert allerdings Englisch die meisten neuen Wörter, wobei Japaner häufig aus englischen Begriffen völlig neue Wörter schaffen, die für englische Sprecher kaum noch oder überhaupt nicht mehr nachvollziehbar sind.

Katakana-Englisch

Alle Japaner:innen lernen zwar Englisch in der Schule, aber nur wenige können es gut sprechen, weil sie die Sprache etwa so lebensnah lernen wie wir Latein oder Altgriechisch. Ihre Aussprache des Englischen folgt sehr stark dem Katakana-Silbensystem, mit dessen Hilfe sie die Aussprache lernen. Wenn Sie gegenüber wenig sprachgeübten Japanern Englisch sprechen oder auch nur einzelne englische Wörter benutzen, werden Sie besser verstanden, wenn Sie sie gewissermaßen nach dem Katakanasystem in Silben zerlegt aussprechen.

Hinweise zur Benutzung

Japanisch lernen

Der erste Teil zeigt, wie Japanisch „funktioniert" und liefert das Handwerkszeug, um eigene japanische Sätze zu sprechen.

Sollten Sie zu den Menschen gehören, die lieber einen Bogen um das Thema Grammatik machen: Keine Sorge! Die wichtigsten Regeln werden auch für Laien verständlich erklärt und mit praktischen Beispielen veranschaulicht. Die Wort-für-Wort-Übersetzung (Seite 1) hilft dabei, den Satzbau nachzuvollziehen und selbst anzuwenden.

Japanisch sprechen

Im zweiten Teil dreht sich alles ums Sprechen. Für alle möglichen Lebenslagen auf Reisen gibt es Beispiele, in die man nur noch das passende Wort einsetzen muss. Praktische Tipps und Infos zum Reiseland erleichtern das Ankommen.

Trauen Sie sich und versuchen Sie Ihre ersten Schritte in der Fremdsprache! Sie zeigen damit Interesse und Respekt – und schon ist das Eis gebrochen, auch wenn man mal einen Fehler macht. Sie werden völlig andere Dinge erleben als „sprachlose" Reisende, und Sie werden feststellen: Sprache öffnet Türen und Herzen. Den ersten Schritt dazu haben Sie mit diesem Buch bereits in der Hand.

Am Ende des Buches finden Sie ein Wörterbuch zum Nachschlagen in beiden Richtungen. Die Umschlagklappen geben einen Überblick der wichtigsten Sätze.

Japanisch lernen

Japanisch ist reich an lautmalerischen Ausdrücken, die für uns manchmal lustig klingen und die man sich gut merken kann. **Mehr dazu im Kapitel „Adjektive" ab Seite 23.** Und noch ein Tipp: Wer Schwierigkeiten mit der japanischen Aussprache des Englischen hat, braucht nur daran zu denken, dass Japaner es so aussprechen, als sei es mit Katakana geschrieben. **Mehr dazu unter „Hiragana und Katakana" auf Seite 14.**

Die japanische Schrift

Da die Japaner ursprünglich keine eigene Schrift entwickelt hatten, übernahmen sie im Rahmen früher Kontakte mit China (die mehr oder weniger seit dem 1. Jh. unserer Zeitrechnung bestanden) ab etwa dem 5. Jh. deren aus Ideogrammen bestehende Schrift und nannten sie **kanji** – von **kan** = Han (Chinesen) und **ji** = Zeichen.

Da Japanisch und Chinesisch jedoch eine ganz verschiedene Sprachstruktur haben, war diese Schrift nur sehr bedingt für Japanisch geeignet. Im Chinesischen gibt es keine Veränderungen der ursprünglich nur einsilbigen Wörter, während sich im Japanischen vor allem Adjektive und Verben durch Anhängen von Endsilben verändern. In der Regel werden die **kanji,** wenn sie allein stehen, rein japanisch gelesen – **kun-yomi** – und wenn sie mit anderen Zeichen einen zusammengesetzten Begriff bilden, sino-japanisch – **on-yomi.** Das hat nicht zuletzt praktische Gründe: chinesische Zeichen repräsentieren nur eine Silbe, während japanische Wörter meist mehrsilbig sind. Nehmen wir das Wort 外人 **gai-jin** = Ausländer, wörtlich „außen-Mensch". Steht das Zeichen für „außen" allein, liest man 外 **soto** (nicht **gai**), das Zeichen für „Mensch" liest man 人 **hito** (nicht **jin**). Nur zusammen heißt es **gai-jin.**

Es gibt Zehntausende chinesischer Schriftzeichen, vor der Sprachreform nach dem Zweiten Weltkrieg waren rund 5000-6000 **kanji** gebräuchlich. Mit der Reform verringerte die Regierung diese Zahl auf 1945 offiziell für den Gebrauch in der Öffentlichkeit zugelassene Schriftzeichen **jōyō kanji** (**jōyō** = oft benutzt).

Zusammen mit 284 zugelassenen Schriftzeichen für die Schreibung von Namen, lernen die Schüler diese mehr als 2000 Zeichen während ihrer Schulzeit. Hinzu kommen mehrere tausend aus zwei Zeichen zusammengesetzte Begriffe, deren Kenntnis z. B. für die Zeitungslektüre unumgänglich ist. So wie wir immer neue Fremdwörter lernen, hören die Schüler und Studenten also nie auf, neue Schriftzeichen zu lernen – eine ausgezeichnete Schulung vor allem des visuellen Gedächtnisses.

Das Schreiben der Schriftzeichen

Alle chinesischen Zeichen, selbst die kompliziertesten mit über 20 Strichen, setzen sich aus zwölf Grundstrichen zusammen:

Geschrieben werden die Zeichen von links nach rechts und oben nach unten. Aber das lassen Sie sich am besten von Einheimischen vormachen.

Beispiele für Aufschriften in Kanji

出口	**de-guchi**	Ausgang
入口	**iri-guchi**	Eingang
男	**otoko**	Mann
女	**onna**	Frau
お手洗い	**(o-)te-arai**	Toilette
便所	**ben-jo**	Toilette
温泉	**on-sen**	Thermalbad
駅	**eki**	Bahnhof, Station
交番	**kōban**	Polizeibox
店	**mise**	Laden, Geschäft
電話	**denwa**	Telefon
食堂	**shoku-dō**	Esslokal
お寺	**(o-)tera**	buddhist. Tempel
神社	**jin-ja**	Shinto-Schrein

Von oben nach unten und von rechts nach links werden Bücher traditionellerweise gelesen. Heute sieht man jedoch auch Texte, die wie bei uns waagerecht von links nach rechts gelesen werden.

Hiragana und Katakana

Bereits vor dem 9. Jh. wurden für unterschiedliche Zwecke aus vereinfachten chinesischen Schriftzeichen zur Wiedergabe der japanischen Laute **zwei Silbenschriften** entwikelt, die heute je 48 Zeichen aufweisen: Das rundere **Hiragana** (ひらがな) wurde ursprünglich ausschließlich von Frauen, denen der Zugang zur chinesischen Schrift anfangs verwehrt war, benutzt (daher auch **onna-de** = Frauenhand genannt), danach auch von Männern zum Schreiben von Gedichten. Das Wort **Hiragana** setzt sich zusammen aus ひら **hira** (= leicht, allgemein benutzt) und カナ **kana** (= zeitweilig, inoffizielle Schreibweise). Heute werden damit japanische Wörter, grammatikalische Endungen und Partikeln und grundsätzlich alle sino-japanischen Wörter, die nicht in der offiziellen Liste der **jōyō-kanji** zu finden sind, geschrieben. Es besteht im Japanischen anders als im Deutschen jedoch eine weitaus größere Freiheit bei der Rechtschreibung.

Hiragana

ん **n**	わ **wa**	ら **ra**	や **ya**	ま **ma**	は **ha**	な **na**	た **ta**	さ **sa**	か **ka**	あ **a**
	い **i**	り **ri**	い **i**	み **mi**	ひ **hi**	に **ni**	ち **chi**	し **shi**	き **ki**	い **i**
	う **u**	る **ru**	ゆ **yu**	む **mu**	ふ **fu**	ぬ **nu**	つ **tsu**	す **su**	く **ku**	う **u**
	え **e**	れ **re**	え **e**	め **me**	へ **he**	ね **ne**	て **te**	せ **se**	け **ke**	え **e**
	を **o**	ろ **ro**	よ **yo**	も **mo**	ほ **ho**	の **no**	と **to**	そ **so**	こ **ko**	お **o**

Man beginnt in der Tabelle **rechts oben,** liest jede Spalte nach unten und beginnt in der nächsten Spalte wieder oben. Hier also liest man **a, i, u, e, o,** dann **ka, ki, ku, ke, ko,** usw. Im Japanischen gibt es kein **si, ti, tu,** sondern **shi, chi, tsu.** In der **ya**-Spalte gibt es für **-i, -e** keine eigene Form und in der **wa**-Spalte sind nur **wa, o** (Endungen für 4. Fall/Akkusativ) gebräuchlich. **n** steht nur am Wortende: **hon** = Buch, **ni-hon** = Japan.

Die Spalten mit **ka, sa, ta, ha** kann man auch durch Anführungsstriche rechts oben zu **ga, za, da, ba** erweichen, und die Spalte **ha** durch einen kleinen Kreis rechts oben zu **pa** erhärten:

ぱ **pa**	ば **ba**	だ **da**	ざ **za**	が **ga**
ぴ **pi**	び **bi**	ぢ **ji**	じ **ji**	ぎ **gi**
ぷ **pu**	ぶ **bu**	づ **zu**	ず **zu**	ぐ **gu**
ぺ **pe**	べ **be**	で **de**	ぜ **ze**	げ **ge**
ぽ **po**	ぼ **bo**	ど **do**	ぞ **zo**	ご **go**

Bei den weichen stimmhaften Silben **ji, zu** gibt es je zwei Formen. Bei einigen zusammengesetzten Silben ist das zweite Zeichen kleiner geschrieben:

りゃ **rya**	みゃ **mya**	ひゃ **hya**	にゃ **nya**	ちゃ **cha**	しゃ **sha**	きゃ **kya**
りゅ **ryu**	みゅ **myu**	ひゅ **hyu**	にゅ **nyu**	ちゅ **chu**	しゅ **shu**	きゅ **kyu**
りょ **ryo**	みょ **myo**	ひょ **hyo**	にょ **nyo**	ちょ **cho**	しょ **sho**	きょ **kyo**
ぴゃ **pya**	びゃ **bya**	ぢゃ **ja**	じゃ **ja**	ぎゃ **gya**		
ぴゅ **pyu**	びゅ **byu**	ぢゅ **ju**	じゅ **ju**	ぎゅ **gyu**		
ぴょ **pyo**	びょ **byo**	ぢょ **jo**	じょ **jo**	ぎょ **gyo**		

Bei Silben mit langen Vokalen wird noch ein **u** angehängt, z. B. **byō** *(Sekunde)*; es setzt sich zusammen aus **bi,** kleinem **yo** und **u.** Kurze, betonte Vokale werden mit kleinem **tsu** hinter der betreffenden Silbe geschrieben; **chotto** *(etwas)* beispielsweise setzt sich zusammen aus **chi,** kleinem **yo** und **tsu,** dann **to.**

Katakana

Das eckige **Katakana** (カタカナ **kata** = bruchstückhaft) diente anfangs zur Kennzeichnung der Aussprache chinesisch geschriebener buddhistischer Texte. Es verrät seine Herkunft aus chinesischen Schriftzeichen weit deutlicher. Heute wird es vor allem zur schriftlichen Wiedergabe von Lautmalereien, Namen der Flora und Fauna und generell für nicht-chinesische Lehnwörter verwendet, aber auch zur Hervorhebung japanischer Wörter, etwa in Entsprechung zur Kursivschrift bei uns. Im Straßenbild findet man viele Lokalnamen und Produkte mit Katakana geschrieben. Also ist auch dieses System sehr nützlich und wichtig.

ン **n**	ワ **wa**	ラ **ra**	ヤ **ya**	マ **ma**	ハ **ha**	ナ **na**	タ **ta**	サ **sa**	カ **ka**	ア **a**
	イ **i**	リ **ri**	イ **i**	ミ **mi**	ヒ **hi**	ニ **ni**	チ **chi**	シ **shi**	キ **ki**	イ **i**
	ウ **u**	ル **ru**	ユ **yu**	ム **mu**	フ **fu**	ヌ **nu**	ツ **tsu**	ス **su**	ク **ku**	ウ **u**
	エ **e**	レ **re**	エ **e**	メ **me**	ヘ **he**	ネ **ne**	テ **te**	セ **se**	ケ **ke**	エ **e**
	ヲ **o**	ロ **ro**	ヨ **yo**	モ **mo**	ホ **ho**	ノ **no**	ト **to**	ソ **so**	コ **ko**	オ **o**

Die übrigen Kombinationen werden genau wie im Hiragana gebildet.

Für die japanische Sprache gibt es auch offizielle Umschriften in lateinischer Schrift, genannt **rōma-ji.** Allgemein in Gebrauch ist das modifizierte Hepburn-/Standard-System **hyōjun,** das auch in diesem Buch benutzt wird.

Aussprache

Die Aussprache des Japanischen ist für uns sehr einfach. Die Vokale (Selbstlaute) werden wie im Deutschen ausgesprochen, es gibt eine kurze und eine lange Form, zunächst die kurze:

a	wie in „Katze“
e	offen wie in „essen“
i	wie in „kitzeln“
o	geschlossen wie in „so“, vor Doppelkonsonant offen wie in „Koffer“
u	wie in „Zug“, aber nicht mit gespitztem Mund

Die langen Vokale werden üblicherweise in der Umschreibung so geschrieben: **ā, ei, ii, ō, ū** – das lange „e“ wird also **ei** geschrieben und dann auch „e-i“ bzw. geschlossen wie in „gehen“ ausgesprochen; **ō** (geschlossen wie in „Ofen“) wird manchmal auch als **ou** geschrieben, entsprechend der Umschreibung der Schreibart in den beiden Silbensystemen. Zwischen stimmlosen Konsonanten (Mitlauten) werden **i** und **u** fast verschluckt. Ansonsten werden Vokale nicht verschluckt.

In diesem Buch werden das verschluckte **i** und **u** hochgestellt, z. B.: **ari-mas^{u}**.

Die Konsonanten **ch, sh, j, w, y, z** werden wie im Englischen ausgesprochen, ansonsten gilt:

fu	zwischen „h“ und „f“, **fuku** = wehen
g	wird in der Wortmitte leicht nasaliert, etwa wie „ng“, **nagai** = lang
hi	fast wie „ch“ in ich
n	am Wortende leicht nasaliert, **hon** = Buch

r	zwischen leicht gerolltem „r" und „l" (die Unterscheidung fällt Japanern schwer), keinesfalls als Kehlkopf-r
'	Kehlkopfverschlusslaut zwischen zwei getrennt gesprochenen Silben, also ein deutlicher Stimmabsatz wie in ge'eignet, **man'in** = voll (von Menschen)

Betonung/Akzent

Im Japanischen gibt es keine bezeichneten Akzente, aber leichte Unterschiede in der Tonhöhe einzelner Silben, die in einigen Fällen bedeutungsunterscheidend sind. Im Allgemeinen werden Sie aber auch verstanden, wenn Sie monoton Silbe für Silbe mit dem gleichen Ton aussprechen würden. Betont werden am ehesten lange Vokale, oft aber für die Bedeutung nebensächliche, grammatikalische Anhängsel. Durch Zuhören und Imitieren lernen Sie den korrekten Klang der Wörter und die korrekte Satzmelodie.

お箸	**(o-)háshi**	Essstäbchen
橋	**hashí**	Brücke
柿	**kakí**	Kakifrucht
牡蠣	**káki**	Auster

Nomen und ihre Beugung

Es gibt für Nomen (Substantive) weder Geschlecht, Artikel, Plural noch Beugung (Deklination). Zur Kennzeichnung der „Fälle" werden entsprechende Partikeln hinter das Nomen gestellt. In der Wort-für-Wort-Übersetzung stehen Zahlen an deren Stelle.

Nominativ, 1. Fall:	**wa / ga**
Genitiv, 2. Fall:	**no**
Dativ, 3. Fall:	**ni**
Akkusativ, 4. Fall:	**o**

hito wa / ga	der Mensch
hito no	des Menschen
hito ni	dem Menschen
hito o	den Menschen

wa und ga

wa und **ga** sind im Grunde austauschbar, **wa** wird etwas häufiger verwendet. Das ist für Japaner eine Sache des Gefühls, ob **wa** oder **ga** eingesetzt wird. **wa** bedeutet in etwa „was … betrifft", ist also eine Hervorhebung. In den Sätzen dieses Buches stehen beide Wörter. Zwischen zwei Sätzen bedeutet **ga** „aber".

no

no verbindet zwei Nomen. Im Japanischen wird der 2. Fall jedoch umgekehrt zum Deutschen gebildet. Auch kann man, wenn man den genauen Begriff nicht kennt, zwei Nomen durch **no** verknüpfen.

文化の日
bunka no hi
Kultur 2 Tag
Tag der Kultur
(3. November)

友達の家
tomodachi no uchi / ie
Freund 2 Haus/Haus
das Haus des Freundes

Wenn der Zusammenhang klar ist, kann das 2. Nomen weggelassen werden:

この家は誰の家ですか

kono uchi wa dare no uchi desᵘ ka

dieses Haus 1 wer 2 Haus ist ?

Wessen Haus ist dies?

友達のです

tomodachi no desᵘ

Freund 2 ist

Es ist das (Haus) des Freundes.

Manchmal werden mit **no** aus Nomen und Adverbien auch Adjektive gebildet:

昨日の映画

kinō no eiga

gestern 2 Film

der gestrige Film

ni

Neben dem 3. Fall (indirektes Objekt) bezeichnet **ni** auch noch Ort (in, bei), Zeit (um), Zweck (zum), Hineinbewegung (in), etc.

私の友達に本を上げます

watashi no tomodachi ni hon o agemasᵘ

ich 2 Freund 3 Buch 4 gebe

Ich gebe meinem Freund das Buch.

o

Der Beispielsatz mit **ni** war zugleich ein Beispiel für den 4. Fall, der das direkte Objekt bezeichnet.

彼女は何を食べますか
kanojo wa nani o tabemas^{u} ka
sie 1 was 4 isst ?
Was isst sie/Was will sie essen?

o mit einem Verb kennzeichnet auch eine Herausbewegung:

電車を降ります
densha o ori-mas^{u}
Zug 4 aussteigen
Ich steige aus dem Zug aus.

家を出ます
ie o de-mas^{u}
Haus 4 herausgehen
Wir gehen aus dem Haus.

Plural

Die Mehrzahl (Plural) braucht im Allgemeinen nicht ausgedrückt zu werden, wenn sie aus dem Zusammenhang hervorgeht, z.B. durch Mengenbegriffe wie **tak^{u}san** *(viele)*. Am häufigsten benutzt man Mehrzahl-Endungen bei Menschen: **-tachi** (höflicher: **-gata**) oder **-ra.** Der Plural kann auch durch Verdoppelung gebildet werden. Dabei wird das zweite Wort klanglich angeglichen, was im Japanischen häufig vorkommt.

子供	**kodomo**	Kind
子供たち	**kodomo-tachi**	(die) Kinder
先生	**sensei**	Lehrer
先生方	**sensei-gata**	(die) Lehrer
彼	**kare**	er
彼ら	**kare-ra**	sie (m Pl.)

日本のアルプスの山々
Nihon Ar^{u}p^{u}s^{u} no yama-yama
Japan Alpen 2 Berg-Berg
die Berge der Japanischen Alpen

人	**hito**	Mensch
人々	**hito-bito**	Menschen

Das Geschlecht der Nomen

Das natürliche Geschlecht von Nomen wird ebenfalls nicht ausgedrückt, wenn es aus dem Zusammenhang hervorgeht. Eine einfache Art, das Geschlecht auszudrücken, ist bei Menschen das Voranstellen von „Frau“ oder „Mann“ vor das Nomen:

子(供)	**ko(domo)**	Kind
女	**onna**	Frau
男	**otoko**	Mann
女の	**onna-no** *Frau-2*	weiblich
男の	**otoko-no** *Mann-2*	männlich
女の子	**onna-no-ko** *Frau-2-Kind*	Mädchen
男の子	**otoko-no-ko** *Mann-2-Kind*	Junge
オス	**osu**	männlich (Tiere)
メス	**mesu**	weiblich (Tiere)

Adjektive

Adjektive stehen wie im Deutschen vor dem Nomen oder am Satzende, wobei sie dann die Bedeutung „er/sie/es ist …“ haben. Die meisten Adjektive enden auf einen Vokal plus **-i** (i-Adjektive).

小さい子供	こどもは小さい
chiisai kodomo	**kodomo wa chiisai**
das kleine Kind, ein kleines Kind	das Kind ist klein

Für die Bildung von Adverbien (Umstandswörtern) und der verschiedenen Zeitformen und Aspekte erhält man durch Weglassen dieses **-i** den Wortstamm, an den die entsprechenden Endungen angehängt werden. Hier eine kleine Auswahl gebräuchlicher Adjektive:

大きい	**ōkii**	groß
小さい	**chiisai**	klein
難しい	**muzukashii**	schwierig
優しい	**yasashii**	einfach
思い	**omoi**	schwer
軽い	**karui**	leicht
新しい	**atarashii**	neu
古い	**furui**	alt
若い	**wakai**	jung
年寄り	**toshiyori***	alt
高い	**takai**	teuer
安い	**yasui**	billig
高い	**takai**	hoch
低い	**hikui**	niedrig
遠い	**tōi**	weit
近い	**chikai**	nah
早い	**hayai**	schnell
遅い	**osoi**	langsam
長い	**nagai**	lang
短い	**mijikai**	kurz

暑い	**atsui**	heiß
寒い	**samui**	kalt (Wetter)
冷たい	**tsumetai**	kalt (Wasser)

Aus solchen Adjektiven kann man leicht Nomen bilden, indem man anstelle des **-i** ein **-sa** anhängt:

暑い	**atsui**	warm
暑さ	**atsusa**	Hitze
大きい	**ōkii**	groß
大きさ	**ōkisa**	Größe

Eine kleinere Gruppe von Adjektiven, die sich vor allem von nicht-japanischen, meist chinesischen, Nomen ableitet und nicht unbedingt auf **-i** endet, werden **na-**Adjektive genannt, weil zwischen Adjektiv und Nomen **-na** geschoben wird. Bei dieser Gruppe muss **des^{u}** hinzugefügt werden, wenn man das Adjektiv am Satzende verwendet in der Bedeutung „er/sie/es ist …“ .

綺麗	**kirei**	schön
綺麗な花	**kirei-na hana**	eine schöne Blume
花は綺麗	**hana wa kirei des^{u}**	die Blume ist schön

Hier einige aus der **na-**Gruppe zum Vergleich:

静か	**shizuka**	ruhig
モダン	**modan**	modern
安全	**anzen**	sicher
有名	**yūmei**	berühmt
ばか	**baka**	dumm
便利	**benri**	günstig

Japanisch ist sehr reich an Lautmalereien (Onomatopoeia), es gibt fast 5000 davon, sie werden wie **na**-Adjektive behandelt. Meist bestehen sie aus einer Verdopplung: **nyaanyaa** = miauen; **dokidoki** = starkes Herzklopfen; **sakusaku** = knusprig; **fuwafuwa** = fluffig.

コロッケは外がサクサク中がホクホク熱々で食べるのは美味しいです
Korokke wa soto ga sakusaku naka ga hokuhoku atsuatsu de taberu no wa oishii des[u]
Krokette 1 außen 1 knusprig innen 1 weichgekocht heiß mit essen von 1 lecker ist
Außen knusprig, innen weich,
heiß gegessen schmecken Kroketten lecker.

Farben		
青い	**aoi**	blau, grün
赤い	**akai**	rot
茶色い	**chairoi**	braun
黒い	**kuroi**	schwarz
黄色い	**kiiroi**	gelb
白い	**shiroi**	weiß
緑	**midori***	grün (*na-Adjektiv)

Steigern und Vergleichen

Es ist ganz einfach! Adjektive werden gesteigert durch Voranstellen von **motto** (mehr) und **mottomo** bzw. **ichiban** (am ...-sten):

Steigern

もっと **motto**	mehr
最も/一番 **mottomo / ichiban**	am ... -sten

いい	**ii**	gut
もっといい	**motto ii**	besser
最もいい / 一番いい	**mottomo ii / ichiban ii**	am besten
安い	**yasui**	billig
もっと安い	**motto yasui**	billiger
最も安い / 一番安い	**mottomo yasui / ichiban yasui**	am billigsten

Adverbien der Intensität		
とても	**totemo**	sehr
とても綺麗	**totemo kirei**	sehr schön
大変	**taihen**	außergewöhnlich
大変綺麗	**taihen kirei**	außergewöhnlich schön
余り	**amari**	ziemlich
余り綺麗	**amari kirei**	ziemlich schön
余り。。。ない	**amari ... nai**	nicht besonders
余り綺麗 では/がない	**amari kirei de wa /ga nai**	nicht besonders schön

Vergleichen

Die einfachste Form des Vergleiches ist das Voranstellen von **yori** vor das Adjektiv:

> 東京は横浜より大きいです。
> **Tōkyō wa Yokohama yori ōkii des^{u}**
> *Tōkyō 1 Yokohama als groß ist*
> Tōkyō ist größer als Yokohama.

Adverbien

Die Umstandswörter werden von den Adjektiven ausgehend gebildet, indem bei denen der ersten Gruppe statt des **-i** ein **-ku** angehängt wird und bei denen der zweiten Gruppe statt **-na** ein **-ni:**

早い	**hayai**	schnell
速く走る	**hayaku hashiru**	schnell laufen
静か(な)	**shizuka(-na)**	ruhig
静かに遊ぶ	**shizuka-ni asobu**	ruhig spielen
近い	**chikai**	nah
近くに	**chikaku-ni**	in der Nähe

彼女は札幌の近くに住んでいます
kanojo wa Sapporo no chikaku ni sunde-i-mas[u]
sie 1 Sapporo 2 Nähe 3 lebt
Sie lebt in der Nähe von Sapporo.

Personalpronomen

Im Japanischen gibt es nicht nur je eine Form von Personalpronomen. Sie richten sich wie in anderen asiatischen Sprachen nach der sozialen Stellung und dem Grad der Vertrautheit der Sprecher miteinander.

Früher gab es im Japanischen z. B. allein für „ich" rund 30 Wörter, heute sind es noch ein halbes Dutzend.

Bei uns gab es in der Vergangenheit auch Vergleichbares, wie z. B. „meine Wenigkeit" = ich, „Ihre Gnaden" = Sie, usw. Es genügen jedoch im Allgemeinen:

私	**wata(kᵘ)shi**	ich
あなた	**anata**	du, Sie
彼/ 彼女	**kare / kanojo**	er / sie
私たち/ 我々	**wata(kᵘ)shi-tachi /ware-ware**	wir
あなたたち	**anata-tachi**	ihr/Sie (Mz)
彼ら	**kare-ra**	sie (Mz)

Jedoch sollten Sie bei der Anrede lieber Titel bzw. Namen verwenden anstatt **anata.** Gegenüber Ranghöheren wirkt es unhöflich, es sei denn, Sie kennen weder Titel noch Namen. Tatsächlich kommt man im Japanischen meist ohne das direkte „du" bzw. „Sie" aus.

Wer mehr Feinheiten lernen möchte, hat hier noch einige weitere Formen zur Auswahl:

ich

私	**(w)atashi**	neutral, für beide Geschlechter
私	**wata(kᵘ)shi**	höflich, gegenüber Älteren, Ranghöheren
私	**atakᵘshi**	nur von Frauen gebraucht, sehr höflich
僕	**boku**	normalerweise unter Männern gleichen Ranges
俺	**ore**	niedere Umgangssprache unter Männern, unter Männern in Ōsaka allgemein gebräuchlich

du, Sie

あなた	**anata**	neutral, von Frauen gebraucht, unter Ehepartnern
あなた様	**anata-sama**	sehr höflich, gegenüber Ranghöheren, Älteren

君	**kimi**	nur von Männern gegenüber Freunden, Untergebenen
お前	**omae**	weniger höflich, nur von Männern gebraucht

anata bzw. **anata-sama** benutzt man nur dann, wenn man Name, Titel und Position der angesprochenen Person nicht kennt. Wenn man jemanden anspricht, sagt man erst mal **sumi-masen** = Verzeihung. (Verheiratete) Frauen werden meist mit **ok^{u}-san** = Ehefrau angeredet.

er, sie, es

彼	**kare**	er
彼女	**kanojo**	sie
それ	**sore**	es (wird meist weggelassen)
あの人	**ano hito**	jener Mensch = er, sie (höflicher als **kare/ kanojo**)
あの方	**ano kata**	jene ehrenwerte Person = er, sie (noch höflicher)

wir, ihr, sie

私たち	**wata(k^{u})shi-tachi**	wir (neutral)
我々	**ware-ware**	wir (unter Männern)
私共	**watak^{u}shi-domo**	wir (höflich bescheiden)
あなたたち	**anata-tachi**	ihr, Sie (Mz.)
あなた方	**anata-gata**	ihr, Sie (Mz., höflicher)
彼たち	**kare-tachi**	sie (männl.)
彼女たち	**kanojo-tachi**	sie (weibl.)
彼ら	**kare-ra**	sie (neutral)

Beugung der Personalpronomen

Die Personalpronomen werden wie Nomen durch Nachstellen der entsprechenden Partikel gebeugt:

私は	**wata(k[u])shi wa**	ich
私の	**wata(k[u])shi no**	mein
私に	**wata(k[u])shi ni**	mir
私を	**wata(k[u])shi o**	mich

あなたは	**anata wa**	du, Sie
あなたの	**anata no**	dein, Ihr
あなたに	**anata ni**	dir, Ihnen
あなたを	**anata o**	dich, Sie

So erhält man also durch Nachstellen der Genitiv-Partikel **no** das Possessivpronomen (mein, dein, ...).

私の本	**wata(k[u])shi no hon**	mein Buch
あなたの会社	**anata no kaisha**	deine/Ihre Firma

Dieses und Jenes, Hier und Dort

Die Demonstrativpronomen (hinweisende Fürwörter) sind nach einem einfachen System aufgebaut:

こ	**ko-**	nahe dem Sprecher
そ	**so-**	nahe dem Zuhörer
あ	**a-**	weiter weg, aber sichtbar oder bekannt
ど	**do-**	Fragewort

An diese Silbe werden abhängig davon, ob es sich um eine Sache, einen Ort oder eine Richtung handelt, folgende Silben angehängt:

れ	**-re**	für Sachen, Gegenstände
の	**-no**	bei adjektivischem Gebrauch, also vor einem Nomen
こ	**-ko**	für Ortshinweise
ちら	**-chira**	für Richtungshinweise

Daraus ergeben sich folgende Demonstrativpronomen:

Dieses & Jenes (allein stehend)

これ	**kore**	dies
それ	**sore**	das
あれ	**are**	jenes
どれ	**dore**	welche(r/s)? (Gegenstand)

これは私の本です
kore wa watashi no hon des[u]
dies 1 ich 2 Buch ist
Das ist mein Buch.

diese(r) / jene(r) (mit Nomen)

この	**kono**	diese(r/s)
その	**sono**	der/die/das ... da
あの	**ano**	jene(r/s)
どの	**dono**	welche(r/s)?

この花はとてもきれいです
kono hana wa totemo kirei des^u^
diese Blume 1 sehr schön ist
Diese Blume ist sehr schön.

あの車(は)もう古い(です)
ano kuruma (wa) mō furui (des^u^)
jener Wagen (1) schon alt (ist)
Jener Wagen ist schon alt.

あの車(は)どのぐらい古いですか
ano kuruma (wa) dono gurai furui des^u^ ka
jener Wagen (1) wie etwa alt ist ?
Wie alt ist der Wagen etwa?

Hier und Dort

ここ	**koko**	hier
こちら	**kochira**	hierhin
そこ	**soko**	da
そちら	**sochira**	dahin
あそこ	**asoko**	dort (hinten)
あちら	**achira**	dorthin
どこ	**doko**	wo?
どちら	**dochira**	wohin?

Verben

Verben (Tätigkeitswörter) stehen anders als im Deutschen immer am Satzende. Sie enden in der in Wörterbüchern angegebenen Grundform, die eigentlich die Gegenwart bzw. die Nicht-Vergangenheit ausdrückt, stets auf **-u** (1. Gruppe) oder **-ru** (2. Gruppe).

1. Gruppe – wenn der Stamm auf einen Konsonanten endet, z. B.: **kak-u** = schreiben

2. Gruppe – wenn der Stamm auf einen Vokal endet, z. B.: **tabe-ru** = essen, **mi-ru** = sehen

Person und Zahl wird im Japanischen nicht durch das Verb selbst, sondern nur durch das Personalpronomen ausgedrückt. An den Stamm werden je nach Form verschiedene Partikel oder Silben angehängt, wobei man beachten muss, dass sich der Stamm bei einigen Formen durch Assimilation ändert.

Es gibt eine große Zahl von Formen und Funktionswörtern, mit denen alle möglichen Aspekte einer Handlung ausgedrückt werden. Die Verben können in einer Grund- und in einer höflichen Form verwendet werden. In der Familie, unter Freunden und vertrauten Kollegen, aber auch in Büchern, Artikeln u. ä. wird die Grundform benutzt. Für den Reisenden, der in der Regel keine so engen Beziehungen zu Einheimischen hat, ist die höfliche Form jedoch angemessener. Sie wird in der täglichen Unterhaltung zwischen zwei Erwachsenen, die nicht befreundet sind, und meist auch in Briefen verwendet.

Höfliche Form

In der höflichen Form werden an den Stamm entsprechende Formen des Hilfswortes **-mas**^{u} angehängt, und zwar in der 2. Verbgruppe direkt, in der 1. Gruppe an ein zwischengeschobenes **-i:**

Zur Kennzeichnung der Endungen wird im Grammatikteil zwischen Stamm und Endung ein „-" geschrieben. Im Konversationsteil sind Stamm und Endungen zusammengeschrieben.

ます	**-mas^{u}**	Nicht-Vergangenheit
ません	**-masen**	Nicht-Vergangenheit, verneint
ました	**-mash^{i}ta**	Vergangenheit
ませんでした	**-masen desh^{i}ta**	Vergangenheit, verneint
ましょう	**-mashō**	Absicht, lasst uns...

Wer keine besonderen Ansprüche an die eigene Sprachfertigkeit stellt, kann damit bereits recht gut auskommen:

Verben der 1. Gruppe (höflich)

書きます	**kak-i-mas^{u}**	ich schreibe, du schreibst, usw.
書きません	**kak-i-masen**	(ich) schreibe nicht
書きました	**kak-i-mas-h^{i}ta**	(ich) schrieb; habe geschrieben
書きませんでした	**kak-i-masen desh^{i}ta**	(ich) schrieb nicht
書きましょう	**kak-i-mashō***	lasst uns schreiben
買うでしょう	**kak-u deshō***	(ich) werde wohl schreiben
書きませんでしょう	**kak-i-masen deshō**	(ich) werde wohl nicht schreiben
書いて下さい	**ka-i-te-ku-dasai**	schreiben Sie bitte! (assimiliert von **kak-i-te**)
書かないでください	**kak-a-naide kudasai**	schreiben Sie bitte nicht!

Verben der 2. Gruppe (höflich)

食べます	**tabe-mas^{u}**	ich esse, du isst, usw.
食べません	**tabe-masen**	(ich) esse nicht
食べました	**tabe-mash^{i}ta**	(ich) aß; habe/hatte gegessen
食べませんでした	**tabe-masen desh^{i}ta**	(ich) aß nicht
食べましょう	**tabe-mashō***	lasst uns essen
食べるでしょう	**taberu deshō***	(ich) werde wohl essen
食べませんでしょう	**tabe-masen deshō**	(ich) werde wohl nicht essen
食べて下さい	**tabe-te-kudasai**	essen Sie bitte!
食べないで下さい	**tabe-naide kudasai**	essen Sie bitte nicht!

* Mit diesen beiden Formen wird eine bevorstehende Absicht ausgedrückt. Sie entsprechen in etwa der Zukunftsform. Geht aus dem Zusammenhang hervor, dass es sich um etwas Zukünftiges handelt, ist die Futurform nicht notwendig. Man begnügt sich dann wie im Deutschen mit der Gegenwartsform plus entsprechenden Zeitangaben:

来週名古屋へ行きます
rai-shū Nagoya e iki-mas^{u}
nächste-Woche Nagoya nach gehen
Nächste Woche fahren wir nach Nagoya.

明日彼は仙台から帰ります
ash^{i}ta kare wa Sendai kara kaeri-mas^{u}
morgen er 1 Sendai aus zurückkehren
Morgen wird er aus Sendai zurückkehren.

Bei den beiden unregelmäßigen Verben **suru** *(machen, tun)* und **kuru** *(kommen)* lautet der Stamm **shi-** bzw. **ki-,** ansonsten verhalten sie sich wie Verben der 2. Gruppe:

します	**shi-mas^u**	ich mache, du machst, usw.
来ます	**ki-mas^u**	ich komme, du kommst, usw.

Die beiden Formen des Verbs „sein, sich befinden, haben, es gibt" = **iru** (bei Lebewesen) und **aru** (bei Gegenständen) werden wie die Verben der 2. Gruppe behandelt:

い/あります	**i-/ari-mas^u**	ist/sind, befindet sich, es gibt, haben
い/ありました	**i-/ari-mas-h^{i}ta**	war(en), befand sich, es gab, hatte
い/ありません	**i-/ari-masen**	ist/sind nicht, befindet sich/es gibt nicht
い/ありませんでした	**i-/ari-masen desh^{i}ta**	war(en) nicht, befand sich/es gab nicht
いる/ある　でしょう	**iru/aru-deshō**	ist/sind wohl, es gibt wohl
い/ありませんでしょう	**i-/ari-masen deshō**	ist/sind wohl nicht, es gibt wohl nicht

Die höfliche Form des Verbindungswortes **da** *(sein)* ist **des^u.** Es wird fast so wie **-mas^u** verändert (konjugiert):

です	**des^u**	ist/sind
でした	**desh^{i}ta**	war(en)
でしょう	**deshō**	ist/sind wohl
ではありません	aber: **de wa arimasen**	ist/sind nicht

Grundform

Diese Form wird nicht nur in vertrautem Kreis, sondern auch bei der Konjunktion von prädikativ gebrauchten Adjektiven verwendet. Mittels des Verbindungswortes **des^{u}** lassen sich bestimmte Aspekte auch höflich ausdrücken.

Verben der 1. Gruppe (Grundform)

書く	**kak-u**	(ich) schreibe, du schreibst …
書かない	**kak-a-nai**	(ich) schreibe nicht
書いた	**kai-ta**	(ich) schrieb
書かなかった	**kak-a-nakatta**	(ich) schrieb nicht
書こう	**kak-ō**	lasst uns schreiben
書きたい(です)	**kak-i-tai (des^{u})**	(ich) möchte schreiben

Verben der 2. Gruppe (Grundform)

食べる	**tabe-ru**	(ich) esse
食べない	**tabe-nai**	(ich) esse nicht
食べた	**tabe-ta**	(ich) aß
食べなかった	**tabe-nakatta**	(ich) aß nicht
食べよう	**tabe-yō**	lasst uns essen
食べたい(です)	**tabe-tai (des^{u})**	(ich) möchte essen

Konjugationsformen der beiden unregelmäßigen Verben **suru** *(machen, tun)* und **kuru** *(kommen)*:

する	**su-ru**	(ich) mache
しない	**shi-nai**	(ich) mache nicht

した	**shi-ta**	(ich) machte
しなかった	**shi-nakatta**	(ich) machte nicht
しよう	**shi-yō**	(ich) werde wohl machen
したい	**shi-tai**	(ich) möchte machen

来る	**ku-ru**	(ich) komme
来ない	**ko-nai**	(ich) komme nicht
来た	**ki-ta**	(ich) kam
来なかった	**ko-nakatta**	(ich) kam nicht
来よう/ 来るでしょう	**ko-yō/ kuru deshō**	(ich) werde wohl kommen
来たい	**ki-tai**	(ich) möchte kommen

Die umgangssprachlichen Formen von da:

だ	**da**	ist/sind
ではない	**de wa nai**	ist/sind nicht

de wa nai wird oft verkürzt zu **ja nai.**

だった	**da-tta**	war(en)
ではなかった	**de wa nakatta**	war(en) nicht
だろう	**da-rō**	wird/werden wohl

Gebraucht man Adjektive in der Bedeutung „er/sie/es ist + Adjektiv“, werden an ihren Stamm (siehe im Kapitel „Adjektive“) bestimmte Silben oder Endungen angehängt, um Verneinung oder Vergangenheit auszudrücken.

寒い	**samu-i**	(es ist) kalt
寒くない	**samu-ku nai**	(es ist) nicht kalt
寒かった	**samu-katta**	es war kalt
寒くなかった	**samu-ku-nakatta**	es war nicht kalt

Weitere Verbformen

Hier sind noch einige Feinheiten, die man nicht unbedingt wissen muss, mit denen man seinen Sprachgebrauch aber deutlich verbessert. Mit der Partizipform **-te** lassen sich sehr viele Aspekte einer Handlung ausdrücken. Hier eine Auswahl:

-te mo ii = dürfen, Erlaubnis bekommen

入ってもいいですか
hai-tte mo ii des^{u} ka
hereinkommend auch gut ist ?
Darf ich hereinkommen? (**hai-ru** = hereinkommen)

タバコを吸ってもいいですか
tabako o su-tte mo ii des^{u} ka
Tabak 4 rauchen auch gut ist ?
Darf ich rauchen? (**su-u** = „einsaugen“, rauchen)

-te wa ike-nai/masen = nicht dürfen

ここでタバコを吸ってはいけません
koko de tabako o su-tte wa ike-masen
hier in Tabak 4 rauchend 1 geht-nicht
Hier darf man nicht rauchen.

-nakute mo ii = nicht brauchen

来なくてもいいんです
ko-nakute mo ii (n) des^{u}
kommend-nicht auch gut ist
Du brauchst nicht zu kommen.

-te ki-ru = etw. weitermachen (**-te ku-ru** = etw. zu Ende machen)

食べてきました
tabe-te ki-mash^{i}ta
essend kam
(Er) hat schon gegessen.

-te kudasai = bitte tu … (**kudasa-ru** = geben, höfl.)

来月また来てください

rai-getsu mata ki-te kudasai

nächster-Monat wieder kommend geben(höfl.)

Kommen Sie bitte nächsten Monat wieder.

-te miru = etw. (aus)probieren (**mi-ru** = sehen)

食べてみませんか

tabe-te mi-masen ka

essend sehen-nicht ?

Magst du es nicht kosten?

-te shimau = etw. zu tun beenden

書いてしまいました

kai-te shimai-mash^{i}ta

schreibend beendete

(Ich) habe es zu Ende geschrieben.

Eine sehr häufig gebrauchte Form, die ziemlich genau der englischen *continuous form* entspricht, wird mit **-te-i-mas^{u}** gebildet: Handlungen, die noch andauern; ein Zustand, der aus der Vergangenheit herrührt; besondere Eigenschaften, Bedingungen u. a.; unmittelbare Reaktion des Sprechers auf einen besonderen Zustand (das Subjekt, der Satzgegenstand, nimmt **ga** statt **wa**).

彼女は東京に住んでいます

kanojo wa Tōkyō ni sun-de-i-mas^{u}

sie 1 Tōkyō in leben

Sie wohnt in Tōkyō .

彼を知っていますか

kare o shi-tte-i-mas^{u} ka

er 4 kennen ?

Kennst du ihn?

雨が降っています

ame ga fu-tte-i-mas^{u}

Regen 1 fallen

Es regnet.

住む	**sum-u**	leben, wohnen
知る	**shi-ru**	wissen, kennen
降る	**furu**	fallen: Regen, Schnee

Zusammengesetzte Verben

Eine Reihe unserer Verben werden im Japanischen mit Nomen und **suru** (machen) gebildet, z. B.:

勉強	**benkyō**	Studium
勉強をする	**benkyō o suru**	studieren
電話	**denwa**	Telefon
電話をする	**denwa o suru**	telefonieren
訪問	**hōmon**	Besuch
訪問をする	**hōmon o suru**	besuchen
買い物	**kaimono**	Einkauf
買い物をする	**kaimono o suru**	einkaufen
旅行	**ryokō**	Reise
旅行をする	**ryokō o suru**	reisen
招待	**shōtai**	Einladung
招待をする	**shōtai o suru**	einladen

Verbindung mehrerer Sätze

Wie bei Adjektiven wird auch bei Verben nur beim letzten die Höflichkeitsform angehängt.

Wenn zwei aufeinander folgende Handlungen beschrieben werden, genügt bei den ersten Verben die verkürzte Partizipform **-te;** nur beim letzten Verb wird die Höflichkeitsform angehängt.

山に登って眺めを楽しみました

yama ni nobo-tte, nagame o tanoshimi-mash^{i}ta

Berg 3 bestiegen Aussicht 4 genossen

Wir bestiegen den Berg und genossen die Aussicht.

手紙を書いて本を読んでテレビを見ました

tegami o kai-te, hon o yon-de, terebi o mi-mash^{i}ta

Brief 4 schrieb, Buch 4 las, Fernsehen 4 sah

Ich schrieb einen Brief, las ein Buch und sah fern.

Will man das Nacheinander einer Handlung genau ausdrücken, nimmt man **-te kara:**

山を登ってから眺めを楽しみました

yama ni nobo-tte kara, nagame o tanoshimi-mash^{i}ta

Berg 3 bestiegen nach, Aussicht 4 genossen

Nachdem wir den Berg bestiegen hatten,
genossen wir die Aussicht.

買い物をしてから家に帰りました

kaimono o sh^{i}te kara, uchi ni kaeri-mash^{i}ta

Einkauf 4 getan nach, Haus in kehrte-zurück

Nach dem Einkauf kehrten wir nach Hause zurück.

Konjunktionen

Hier eine Übersicht der gebräuchlichsten Konjunktionen:

と	**to**	und (meist Verbindung zweier Nomen)
し	**shi**	und (Verbindung zweier Sätze)
そして	**soshᶦte**	und dann, und jetzt, nun
と	**to**	mit, im Sinne von „begleiten“
で	**de**	mit, im Sinne von „damit“ (benutzen)
それとも	**sore-tomo**	oder (auch: **sore-ka**)
しかし	**shikashi**	aber (auch: **keredomo**)
が	**ga**	aber (wird lieber im Satz verwendet)
だけ	**dake**	nur (**kore dake** = nur dies, **hitori dake** = nur allein)
でも	**demo**	jedoch, aber
も	**mo**	auch (am Satzende: selbst wenn)
もう	**mō**	schon

りんごと梨
ringo to nashi
Äpfel und Birnen
Äpfel und Birnen

彼と行きます
kare to iki-mas[u]
er und gehe
ich gehe mit ihm

あなたがそれとも彼女が
anata ga soretomo kanojo ga
du 1 oder sie 1
du oder sie

Eine Besonderheit ist die japanische Entsprechung für „weil“: Verbstamm + **ta node,** z.B.: **osoku tsuita node ressha maniaimasen deshᶦta** „weil ich zu spät eintraf, erreichte ich den Zug nicht“

寒いですが外へ行きます
samui des^{u} ga soto e iki-mas^{u}
kalt ist aber außen nach gehe
Es ist kalt, aber ich gehe hinaus.

でもまだ早いです
demo mada hayai des^{u}
jedoch noch früh ist
es ist aber noch früh

あなたも私も
anata mo, watashi mo
du auch ich auch
sowohl du als auch ich

Präpositionen

Die Präpositionen (Verhältniswörter) werden zwischen **no** und **ni** gestellt. Die eingesetzten Wörter sind im Japanischen Nomen, z. B. **ue** (Oberseite) **no ue ni** (auf).

上	**ue**	auf
下	**sh^{i}ta**	unter, unten
前	**mae**	vor, vorn
後ろ	**ushiro**	hinter, hinten
中	**naka**	in, innen
外	**soto**	außerhalb, außen
向かい	**mukai**	gegenüber
向こう	**mukō**	jenseits, drüben
ため	**tame**	für

机の上に雑誌があります
tsukue no ue ni zasshi ga ari-mas^{u}
Tisch 2 Oberseite 3 Zeitschrift 1 gibt-es
Die Zeitung liegt auf dem Tisch.

部屋の中に	**heya no naka ni**	im Zimmer
学校の外に	**gakkō no soto ni**	außerhalb der Schule

駅の前の建物
eki no mae no tatemono
Bahnhof 2 Vorderseite 2 Gebäude
das Gebäude vor dem Bahnhof

田中さんはこのお土産を彼の奥さんのために買いました
Tanaka-san wa kono o-miyage o kare no ok^{u}-san no tame ni kai-mash^{i}ta
Tanaka-Herr 1 dieses Souvenir 4 er 2 Ehefrau 2 für 3 kaufte
Herr Tanaka hat dieses Souvenir für seine Ehefrau gekauft.

Fragen

Durch Anhängen von **ka** an das Satzende wird jede Aussage in eine Frage umgewandelt:

君子さんは学生です
Kimiko-san wa gak^{u}sei des^{u}
Kimiko-Frau 1 Student ist
Kimiko ist Studentin.

君子さんは学生ですか
Kimiko-san wa gak^{u}sei des^{u} ka
Kimiko-Frau 1 Student ist ?
Ist Kimiko Studentin?

Sonst müssen Sie ein konkretes Fragewort (wer, wie, was) verwenden, wie wir es auch im Deutschen machen:

誰　どなた	**dare, donata**	wer
何	**nan, nani**	was
どう	**dō**	wie
なぜ　どうして	**naze, dōsh^{i}te**	warum
いつ	**itsu**	wann
どれ　どんな	**dore, donna**	welcher, was für ein
どこ	**doko**	wo
どちら	**dochira**	wohin
いくら	**ikura**	wie viel, wie teuer
いくつ	**ikutsu**	wie viel, wie alt

近くのコンビニはどこですか
chikaku no kombini wa doko des^{u} ka
Nähe 2 Laden 1 wo ist ?
Wo ist der nächste Laden?

。。。がどこで買いますか
... ga doko de kai-mas^{u} ka
... 1 wo bei kaufen-können ?
Wo kann ich ... kaufen?

どこで。。。がありますか
doko de ... ga ari-mas^{u} ka
wo in ... 1 gibt-es ?
Wo gibt es ...?

彼女は誰ですか
kanojo wa dare des^{u} ka
sie 1 wer ist ?
Wer ist sie?

僕の姉です
boku no ane des^{u}
ich(m) 2 ältere-Schwester ist
Sie ist meine ältere Schwester.

あの方はどなたですか

ano kata wa donata des^{u} ka

jener Mensch 1 wer ist ?

Wer ist diese Person? (höflich)

私の日本語の先生です

watak^{u}shi no nihongo-no-sensei des^{u}

mein 2 Japanisch-2-Lehrer ist

Das ist mein Japanisch-Lehrer.

いつ来ますか

itsu ki-mas^{u} ka

wann kommt(höflich) ?

Wann kommt er? /
Wann kommst du?

どうですか

dō des^{u} ka

Wie ist es? /
Wie gefällt es dir?

どうしましょうか

dō shi-mashō ka

Wie werden wir es machen?

そうしましょう / するでしょう

sō shi-mashō/suru deshō

So machen wir es.

彼はなぜ来ませんか

kare wa naze ki-masen ka

Warum kommt er nicht?

どうしてそれをしますか

dōsh^{i}te sore o shi-mas^{u} ka

Warum macht er das?

Ja und Nein

Im harmoniebewussten Japan versuchen die Menschen ein „kaltes“ Nein zu vermeiden. Stattdessen wird es oftmals umschrieben. Dabei gibt es Nuancen:

(ちょっと)考えさせた下さい
(chotto) kangae-sasete kudasai
(etwas) überlegend-lassen bitte
Lassen Sie uns noch etwas darüber nachdenken.
(ehrlich gemeint)

(ちょっと)考えて見ましょう
(chotto) kangaete mi-mashō
(etwas) denkend sehen-lasst-uns
Wir denken darüber nach und sehen dann weiter.
(=„nein“ unter Geschäftsleuten)

Klare Begriffe für „ja“ und „nein“:

はい	**hai**	ja
はい　そうです	**hai, sō des**[u]	ja (so ist es)
いいえ	**iie**	nein
いいえそうでは ありません	**iie, so de wa arimasen**	nein (so ist es nicht)
違います	**chigai-mas**[u]	nein (das trifft nicht zu)

hai drückt generell Zustimmung aus, aber auch: „Ich habe verstanden, was Sie gesagt haben, ich höre zu.“. **iie** drückt fehlende Zustimmung aus.

Man antwortet immer in Bezug auf die Frage, nicht auf die eigene Aussage! Sie müssen also bei negativ formulierten Fragen aufpassen.

三浦さんはこれを食べませんか
Miura-san wa kore o tabe-masen ka
Müller-Frau 1 dies 4 essen-nicht ?
Frau Müller, essen Sie das nicht?

はい食べません
hai tabe-masen
Ja, ich esse es nicht.

いいえ食べます
iie tabe-mas^{u}
Nein, ich esse es.

英字新聞がありますか
eiji-shimbun ga ari-mas^{u} ka
englische-Schrift Zeitung 1 gibt-es ?
Gibt es eine englische Zeitung?

はいあります
hai, ari-mas^{u}
Ja, gibt es.

いいえありません
iie, ari-masen
Nein, gibt es nicht.

Zahlen

Das einfache und logische chinesische Zahlensystem wurde von vielen Ländern außerhalb Chinas übernommen. Es wird zum Zählen und für Mengenangaben verwendet. Das ursprüngliche japanische hingegen wird verwendet für allein stehende Zahlen von 1 bis 10, für abstrakte Begriffe und wenn Sie ein Kategoriewort (siehe nächstes Kapitel) nicht kennen. Sie brauchen nur 14 Wörter zu lernen und können damit bis in die Milliarden zählen:

	Chinesisch			Japanisch (1-10)	
0	令	[ゼロ]	**rei, zero**	-	-
1	一	[いち]	**ichi**	一つ	**hito(tsu)**
2	二	[に]	**ni**	二つ	**futa(tsu)**
3	三	[さん]	**san**	三つ	**mit(tsu)**
4	四	[し / よん]	**shi/yon**	四つ	**yot(tsu)**
5	五	[ご]	**go**	五つ	**itsu(tsu)**
6	六	[ろく]	**roku**	六つ	**mut(tsu)**
7	七	[しち]	**shichi/nana**	七つ	**nana(tsu)**
8	八	[はち]	**hachi**	八つ	**yat(tsu)**
9	九	[きゅう / く]	**kyū/ku**	九つ	**kokono(tsu)**
10	十	[じゅう]	**jū**	とう	**tō**

-tsu wird bei bestimmten Formen ausgetauscht, z. B. **futari** = 2 Personen, **yotsume** = der, die, das vierte; deshalb steht es in Klammern.

十一	**jū-ichi**	11
十五	**jū-go**	15
二十	**ni-jū**	20
八十	**hachi-jū**	80
百	**hyaku**	100
三百	**sambyaku**	300
千	**sen**	1000
三千	**san-zen**	3000
五千	**go-sen**	5000
(一)万	**(ichi-)man**	10.000
六万	**roku man**	60.000
四十万	**yon-jū man**	400.000
九百万	**kyū hyaku man**	9 Millionen

(一)億	**(ichi-) oku**	100 Millionen
七十億	**nana jū oku**	7 Milliarden

Ordnungszahlen

Um aus einer Grundzahl eine Ordnungszahl zu machen, setzt man **dai-** davor:

第一	**dai-ichi**	erstens, der/die/das erste
第二	**dai-ni**	zweitens, der/die/das zweite
第百	**dai-hyaku**	der/die/das hundertste

Umgangssprachlich kann man auch sagen:

一番	**ichi-ban**	der/die/das erste
二番	**ni-ban**	der/die/das zweite
百番	**hyaku-ban**	der/die/das hundertste

Bruch- und Dezimalzahlen

Bruchzahlen werden mit **bun** (Teil) gebildet:

半分	**han-bun**	die Hälfte
四分の一	**yon-bun-no-ichi**	1/4 (*vier Teil von eins*)
三分の二	**san-bun no ni**	2/3 (*drei Teil von zwei*)

Dezimalzahlen bildet man mit **ten** (Punkt):

三転後 **san ten go** 3.5

Rechnen

二タスさんは五

ni tasu san wa go (des^{u})

zwei plus drei 1 fünf (ist)

2 + 3 = 5

Hinter die zweite Zahl setzt man jeweils **wa** (Nominativ-Partikel).

タス	**tas^{u}**	plus (+)
低い	**hiku**	minus (-)
掛ける	**kakeru**	mal (x)
わる	**waru**	durch (:)

Kategoriewörter

Das im vorigen Kapitel vorgestellte, von den Chinesen übernommene Zahlensystem benutzen die Japaner außer beim Zählen und Rechnen vor allem in Verbindung mit sogenannten Kategoriewörtern, die an das jeweilige Zahlwort angehängt werden. Man sagt also nicht einfach „drei Bäume“, sondern etwa „drei Stück Bäume“. Eine Eigenart, die sich das Japanische im übrigen mit etlichen anderen asiatischen Sprachen teilt. Das Unangenehme daran ist, dass es nicht nur ein Wort für „Stück“ gibt, sondern eine ganze Reihe verschiedener – je nach Form und Art des gezählten Gegenstands. Hier einige häufige Kategoriewörter:

人	**nin**	Menschen, aber: **hitori** = ein Mensch, allein;
二人	**futari**	zwei Menschen, zu zweit
枚	**mai**	dünne, flache Dinge (Blatt, Papier, Hemden)
本	**hon / bon / pon**	lange, schmale Dinge (Stange, Baum, Flasche), aber: bei Essstäbchen = **zen** (Paar)
台	**dai**	Geräte, Maschinen (Auto, Recorder, Computer)
冊	**satsu**	Bücher, entspricht unserem „Bände“
匹	**hiki / biki /piki**	kleine Tiere
頭	**tō**	große Tiere
羽	**wa / ba / pa**	Vögel
個	**ko**	kleine, runde Gegenstände (Eier)
足	**soku**	Paar Schuhe, Strümpfe
三人の学生	**san-nin no gaku-sei**	drei Studenten
四台の車	**yon-dai no kuruma**	vier Autos
十本の鉛筆	**jup-pon no empitsu** (**hon** wird zu **pon** assimiliert)	zehn Bleistifte

Kennt man ein Kategoriewort nicht, nennt man zuerst das Nomen und dann die Zahl nach dem japanischen System: **biiru mitsu** (*Bier drei*) = drei Bier, ganz korrekt wäre aber: **biiru sam-bon**

Maße und Mengenangaben

Die Maßeinheiten sind wie bei uns:

キロ(グラム)	**kiro(g^{u}ram$^{u)}$**	Kilogramm
キロ(メートル)	**kiro(mētor$^{u)}$**	Kilometer
グラム	**g^{u}ram^{u}**	Gramm
メートル	**mētor^{u}**	Meter
二キログらい	**ni kiro gurai**	etwa 2 kg bzw. km
三百グラム	**sam-byaku g^{u}ram^{u}**	300 gr

Es werden auch noch traditionelle Maßeinheiten verwendet, mit denen Sie jedoch nur selten in Berührung kommen werden:

合	**gō**	0.18 Liter (kleinste Einheit für Reis)
升	**shō**	10 **gō** = 1.8 Liter

Beispiele:

一升瓶	**is-shō-bin**	1.8 l-Flasche (Sake)
国	**koku**	10 **to** = 100 **shō** = 180 Liter (Maßeinheit für Reis in der Edo-Zeit)
畳	**jō**	1 Tatamimatte, z. B.
六畳の部屋	**roku-jō no heya**	ein 6 Matten großes Zimmer (ca. 10m^2)

Unbestimmte Mengenangaben

色々な	**iroiro-na**	verschiedene
なん . . . か	**nan** + Kategoriewort + **ka**	einige
二三	**ni-san** + Kategoriewort	ein paar ...
何人か	**nan-nin ka**	einige Menschen

Uhrzeit und Datum

Die Uhrzeiten werden in 12-Stunden-Abschnitten angegeben. Vorangestellt wird meist die jeweilige Tageszeit.

今何時ですか
ima nan-ji des^u ka
jetzt was-Uhr ist ?
Wie spät ist es jetzt?

朝七時	**asa shichi-ji**	7 Uhr morgens
午後四時	**gogo yo-ji**	4 Uhr nachmittags
夕方六時半	**yūgata roku-ji han**	6:30 Uhr nachmittags
夜九時	**yoru ku-ji**	9 Uhr abends
十時十五分	**jū-ji jū-go hun**	10:15 Uhr
十二時五分前	**jū-ni-ji go hun mae**	5 Minuten vor zwölf

半	**han**	halb
前	**mae**	vor

六時十四分前(です)
roku-ji jū-yon pun mae (des^u)
6-Uhr 10-4 Minuten vor (ist)
(es ist) 14 Minuten vor sechs

Tageszeiten		
明方	**akegata**	früh morgens
朝	**asa**	Morgen, morgens (4-6 Uhr)
午前	**gozen**	Vormittag, vormittags (6-8 Uhr)
お昼	**o-hiru**	Mittag, mittags (bis 12 Uhr)
午後	**gogo**	Nachmittag, nachmittags (bis ca. 16 Uhr)
夕方	**yūgata**	Nachmittag, nachmittags (spät, 16-19 Uhr)
夜	**yoru**	Abend, abends, Nacht, nachts (bis 24 Uhr)
夜中	**yonaka**	mitten in der Nacht (0-4 Uhr)

Gezählt werden Stunden, Minuten, Sekunden wie bei uns, bei den Minuten müssen Sie wieder die Assimilierung beachten:

一分	**ip-pun**	1 Min.
二分	**ni-fun**	2 Min.
三分	**sam-pun**	3 Min.
三十分	**san-jup-pun**	30 Min.
三十五分	**san-jū-go-fun**	35 Min.
四十八分	**yon-jū-hap-pun**	48 Min.

二時間四十七分二十六秒
ni jikan, yon-jū-nana-fun, ni-jū-roku byō
2 Stunden 4-10-7 Minuten 2-10-6 Sekunden
2 Stunden 47 Minuten 26 Sekunden

Wochentage und Monatsnamen

Das Wort für Tag **-yōbi** wird nur in Verbindung mit Wochentagen gebraucht. Sonst heißt Tag **hi** bzw. **-nichi.**

日曜日	**nichi-yōbi**	*Sonnen-Tag*	Sonntag
月曜日	**getsu-yōbi**	*Mond-Tag*	Montag
火曜日	**ka-yōbi**	*Feuer-Tag*	Dienstag
水曜日	**sui-yōbi**	*Wasser-Tag*	Mittwoch
木曜日	**moku-yōbi**	*Holz-Tag*	Donnerstag
金曜日	**kin-yōbi**	*Gold-Tag*	Freitag
土曜日	**do-yōbi**	*Erd-Tag*	Samstag

Mond heißt **tsuki** bzw. **getsu,** Monat allgemein ebenfalls **getsu,** in Verbindung mit den Monatsnamen jedoch **gatsu.** Die Monate werden einfach von 1-12 + **gatsu** gezählt:

一月	**ichi-gatsu**	*eins-Monate*	Januar
二月	**ni-gatsu**	*zwei-Monate*	Februar
十二月	**jū-ni-gatsu**	*zehn-zwei-Monate*	Dezember

Datum (hizuke)

Japaner schreiben zuerst die Jahreszahl, dann den Monat, zuletzt den Tag:

98/10/04	**kyū-jū-hachi nen/jū-gatsu/yok-ka** *9-10-8-Jahr/10-Monat/4-Tag*	4. 10. 1998

Bei den ersten 10 Tagen **(-ka)** des Monats wird die japanische Zählweise verwendet, dazu noch unregelmäßig:

一日	**tsuitachi**	1. Tag
二日	**futs^{u}-ka**	2. Tag
三日	**mik-ka**	3. Tag

四日	**yok-ka**	4. Tag
五日	**itsu-ka**	5. Tag
六日	**mui-ka**	6. Tag
七日	**nano-ka**	7. Tag
八日	**yō-ka**	8. Tag
九日	**kokono-ka**	9. Tag
十日	**tō-ka**	10. Tag

Zeitbegriffe		
時	**-ji**	... Uhr
時間	**jikan**	Stunde(n)
何時	**nan-ji**	wie viel Uhr?
何時間	**nan-jikan**	wie viele Stunden?
分	**hun/fun/pun**	Minute
秒	**byō**	Sekunde
日	**hi/nichi**	Tag
一日	**ichi-nichi**	ein Tag
昼間	**hiruma**	tagsüber
夜	**ban**	Abend
一夜	**hito-ban**	ein Abend
今日	**kyō**	heute
明日	**ashita**	morgen
明後日	**asatte**	übermorgen
昨日	**kinō**	gestern
昨夜	**sakuya**	gestern Abend
一昨日	**ototoi**	vorgestern
週間	**shūkan**	Woche
一週間	**is-shūkan**	eine Woche
四週間	**yon-shūkan**	vier Wochen
今週	**kon-shū**	diese Woche
来週	**rai-shū**	nächste Woche

月	**getsu**	Monat
今月	**kon-getsu**	diesen Monat
来月	**rai-getsu**	nächsten Monat
(三)ヶ月	**(san)-ka-getsu**	(drei) Monate
年	**nen**	Jahr
今年	**ko-toshi**	dieses Jahr
来年	**rai-nen**	nächstes Jahr
去年	**kyo-nen**	letztes Jahr
あと三年	**ato san nen**	noch drei Jahre
今	**ima**	jetzt
後で	**ato de**	nachher
すぐに	**sugu-ni**	sofort
ちょうど	**chōdo**	genau/gerade
ごろ	**goro**	ungefähr, etwa
三時ごろ	**san ji goro**	etwa 3 Uhr
まだ(二年)	**mada (ni nen)**	noch (2 Jahre)
たぶん	**tabun**	vielleicht
もう /すでに	**mō/sude ni**	schon (einmal)

今日は何日ですか
kyō wa nan-nichi des^{u} ka
heute 1 was-Tag ist ?
Welches Datum ist heute?

昨日は何曜日でしたか
wa nan-yōbi desh^{i}ta ka
gestern 1 was-Wochentag war ?
Welcher Wochentag war gestern?

あなたはいつ来ますか
anata wa itsu ki-mas^{u} ka
du 1 wann kommst ?
Wann kommst du?

十時半に来ます
jūji-han ni ki-mas^{u}
10-Uhr-halb um komme(ich)
Um halb elf (10.30).

Japanisch sprechen

Obwohl es nahezu unmöglich ist, als Europäer in Japan „alles richtig“ zu machen: es lohnt sich durchaus, es zu versuchen. Ihre Bemühungen werden mit Wohlwollen wahrgenommen werden. Die wichtigsten Regeln finden sich in den Kapiteln „Kurz-Knigge“ auf Seite 65, „Bitten, Danken, Wünschen“ auf Seite 78 – und last but not least: „Zu Gast sein“ auf Seite 87.

Wörter, die weiterhelfen

Sie sind gerade erst in Japan gelandet und brauchen das Wichtige auf die Schnelle:

Wo gibt es ...? / Wo ist ...?

. . . は どこにありますか
... wa doko ni ari-mas^u ka
... 1 wo in gibt-es ?
Wo gibt es ein(e) ...?

トイレはどこにありますか
toire wa doko ni ari-mas^u ka
Toilette 1 wo in gibt-es ?
Wo gibt es eine Toilette?

. . . どこですか
... doko des^u ka
... wo ist ?
Wo ist der / die / das ...?

東京駅はどこですか
Tōkyō eki (wa) doko des^u ka
Tōkyō Bahnhof (1) wo ist ?
Wo ist der Bahnhof Tōkyō?

バス	**bas^u**	Bus
病院	**byōin**	Krankenhaus
電車	**densha**	Zug
電話	**denwa**	Telefon

本屋	**hon-ya**	Buchladen
ホテル	**hoter[u]**	Hotel
市場	**ichiba**	Markt
神社	**jinja**	Shintō-Schrein
交番	**kōban**	Polizeibox
空港	**kūkō**	Flughafen
港	**minato**	Hafen
店	**mise**	Laden
食堂 / 飲食店	**shoku-dō / inshokuten**	Lokal
大使館	**taishi-kan**	Botschaft
タクシー	**tak[u]shii**	Taxi
郵便局	**yūbin-kyoku**	Postamt

Gibt es ...? / Haben Sie ...?

... が ありますか

... ga ari-mas[u] ka

... 1 gibt-es ?

Gibt es ...?

個室	**ko-shitsu**	Einzelzimmer
二人部屋	**futari-beya**	Doppelzimmer
果物	**kuda-mono**	Obst
野菜	**yasai**	Gemüse
紙	**kami**	Papier
絵はがき	**ehagaki**	Postkarte
切手	**kitte**	Briefmarke
タバコ	**tabako**	Zigaretten

Nichts verstanden?

私は殆ど日本語を話せません。
watashi wa hotondo nihongo o hanasemasen
ich 1 fast Japanisch 4 sprechen-können-nicht
Ich kann kaum Japanisch sprechen.

分かった(です)。
wakatta (des^{u})
Ich habe verstanden.

かります。
wakarimas^{u}
Ich verstehe.

私の言う事が分かりますか。
watashi no iu-koto ga wakarimas^{u} ka
ich 2 sagen-Sache 1 verstehen?
Verstehen Sie, was ich sage?

(どうぞ今言った事を)くりかえして下さい。
(dōzo ima itta koto o) kurikaeshite kudasai
(bitte jetzt gesagte Sache 4) wiederholend bitte-geben
Bitte wiederholen Sie (was Sie gerade gesagt haben).

これは(日本語で)何と言いますか。
kore wa (nihongo de) nan to iimas^{u} ka
dies 1 (Japanisch auf) was so sagen ?
Wie heißt das (auf Japanisch)?

これを訳して下さい。
kore o yak^{u}-sh^{i}te kudasai
dies 4 Übersetzung machen bitte-geben
Bitte übersetzen Sie mir das.

どうぞゆっくり話し手下さい。
dōzo yukkuri hanash[i]te kudasai
bitte langsam sprechend bitte-geben
Bitte sprechen Sie langsam(er).

すみません書いてくれますか。
sumimasen kaite kuremas[u] ka
zu-Ende-gehen-nicht schreibend Gefallen-tun ?
Entschuldigung, würden Sie mir das bitte aufschreiben?

Wenn es mit Japanisch nicht klappt:

誰か／どなたか英語を話せますか。
dare-ka/donata-ka eigo o hanasemas[u] ka
jemand Englisch 4 sprechen-können ?
Spricht hier jemand Englisch?

英語を話しつずけましょう。
eigo o hanashi tsuzukemashō
Englisch 4 Sprechen fortsetzen-lass-uns
Lass uns Englisch weitersprechen.

Kurz-Knigge

Japanische Höflichkeit ist sprichwörtlich und wird in Japan auch sehr ernst genommen. Solange die Menschen sich anonym bewegen, kann es schon mal vorkommen, dass sie – etwa im Berufsverkehr – andere anrempeln und keine Notiz davon nehmen. In dem Moment jedoch, wo zwei Menschen miteinander ins Gespräch kommen, gelten die **Regeln der Höflichkeit** in ihrer ganzen Vielfalt: unter Gleichrangigen, von höher zu niedriger gestellten und von niedriger zu höher gestellten Personen. Die Japaner haben darin natürlich von klein auf Übung. Wir müssen wissen, dass Japaner sich ihres Verhaltens und dessen Auswirkung auf andere sehr bewusst sind und Unannehmlichkeiten und Störung der Harmonie zu vermeiden trachten. Der Alltag ist voller kleiner Rituale und sprachlicher Formeln, von denen Sie hier einige lernen können.

Als **gaijin** *(Außen-Mensch)* wird man sich selten ganz angemessen verhalten können. Aber niemand wird einem diese unbeabsichtigte Unhöflichkeit verübeln. Allein die Tatsache, dass man sich um korrektes Verhalten (マナー **manā** von engl. *manner*) bemüht und sich mit ihnen in ihrer Sprache zu unterhalten versucht, wird die Japaner über manche Ungeschicklichkeit hinwegsehen lassen. Darum sollten Sie entspannt und bei guter Laune den Begegnungen mit den Menschen in Japan entgegensehen!

Als **gaijin** ist man Gast, zumal man wohl nur einige Wochen oder Monate im Land bleiben wird. Und Gast in Japan zu sein, ist ein sehr angenehmer Zustand. Aber auch diejenigen, die bereits jahrzehntelang im Land leben, machen oft die Erfahrung: **gaijin** bleibt **gaijin.** „Wie gut Sie mit Stäbchen essen können!“ klingt in ihren Ohren eher nach Ausgrenzung als nach erfolgreicher Integration.

Gesten

Kommunikation ohne Worte wird in Japan hoch geschätzt, sie wird **haragei** – Bauchkunst – genannt. Es gilt, die Gemütslage des Gegenübers zu empfinden und Unannehmlichkeiten zu vermeiden. Man braucht keine Worte, um jemanden zu verstehen. Gegenüber Fremden verrät man nicht seine Gefühle von Schmerz, Trauer oder Ärger. Ein Mensch mag tieftraurig sein und wird doch für andere ein Lächeln übrig haben. Man möchte andere nicht mit den eigenen Sorgen belästigen. Im Alltag gibt es uns nicht vertraute Gesten, die Ihnen sicher ab und zu oder sogar öfters begegnen werden: Um jemanden heranzuwinken, bewegt man die Hand nach unten; zeigt man auf Leute, deutet man mit der ganzen Hand in die Richtung, nie mit dem Zeigefinger! Meinen Japaner sich selbst, zeigen sie jedoch mit dem Zeigefinger auf die eigene Nasenspitze; Frauen und Mädchen lachen meist mit vorgehaltener Hand. Ist etwas okay, macht man einen Kreis – **maru** – mit beiden Armen oder nur Daumen und Zeigefinger; ist etwas verboten oder geht aus anderen Gründen nicht, kreuzt man die Unterarme vor der Brust oder die Zeigefinger: **dame!** Mit der Hand vor dem Gesicht zu wedeln, bedeutet: „nein, ich nicht".

Zärtlichkeiten werden selten in der Öffentlichkeit ausgetauscht. Mehr als Händchenhalten und kurze Umarmungen wird man üblicherweise nicht sehen. Auch moderne junge Leute sind in dieser Beziehung zurückhaltend. Generell sind Berührungen weit weniger üblich als selbst bei uns.

Auch ist es in Japan nicht üblich, einander die Liebe durch tägliches „I love you" zu vergewissern. Viele Paare benutzen nie den Satz **ai-shiteru** („ich liebe dich"), sondern bevorzugen weniger offensichtliche Aussagen wie etwa: **kimi no koto dai-suki desu** („Was dich betrifft, mag ich dich sehr").

Kommunikation

Trotz der Heerscharen von *native speakers*, die in Japan Englischunterricht geben und Kommunikation auf Englisch einzuüben versuchen, will das bis heute nicht richtig klappen. Gute Fremdsprachenkenntnisse, zumeist Englisch, sind nicht zu erwarten. Irgendwie gibt es da einen inneren Widerstand, während z. B. junge Chinesen mit Englisch weit weniger Schwierigkeiten zu haben scheinen. Selbst wenn es möglich ist, eine Unterhaltung auf Englisch zu führen, sollte das gegebenenfalls in einfacher Sprache geschehen.

Auch Sprach-Apps sind ein Hilfsmittel, das Sprachunkundige von beiden Seiten mit etwas Geduld, aber einer gewissen Erfolgsgarantie anwenden können. Wer keine oder nur wenige Kanji lesen kann, muss mit solchen Apps nicht länger Analphabet bleiben.

Begrüßung

Bei der Begrüßung verbeugen sich Japaner. Wer mehr Respekt zu zollen hat, wer also im Rang (Alter, gesellschaftliche Stellung, usw.) niedriger steht, sollte sich tiefer verbeugen und sich nicht aufrichten, bevor es sein ranghöheres Gegenüber getan hat. Für Sie als **gaijin** genügt eine mittlere Verbeugung. „Moderne" Japaner geben Ihnen auch schon mal die Hand, diese Geste sollten Sie nicht zurückweisen. Prominenten geben Japaner übrigens schon immer gern die Hand. Formelle Begrüßungen in Privathäusern geschehen im **washitsu,** dem mit **tatami** (Reisstrohmatten) ausgelegten Zimmer, nach bestimmten Regeln auf Knien. Verbeugungen sind allgegenwärtig. Selbst beim Telefonieren wird man angedeutete Verbeugungen bemerken. Es handelt sich um eingeschliffene Reflexe.

Der bei der ersten Begrüßung übliche Austausch von Visitenkarten erfolgt beidhändig, das gilt auch für die Übergabe und das Annehmen von Geschenken, Urkunden, Bargeld (im Umschlag), jedoch nicht für Bezahlvorgänge in Lokalen oder Geschäften. Allerdings wird Bargeld meist in einen Teller gelegt, wandert also selten von einer Hand in die andere.

Straßenschuhe

Wohnhäuser dürfen nur bis zum Eingangsraum **(genkan)** mit Schuhen betreten werden, das gilt auch für öffentliche Bäder, die meisten Schulen (dort bis zum Flur), Burgen, selbst manche Museen und Universitätsinstitute werden nur in Pantoffeln betreten.

In Wohnhäusern und auch in **ryokan** werden Pantoffeln oberhalb der Stufe im **genkan** bereitgestellt. Für Toiletten gibt es eigene Pantoffeln, die dort bleiben müssen. Zimmer mit Tatamimatten dürfen nur barfuß oder in Socken betreten werden. Warum? Weil an Schuhen der Schmutz der Straße haftet.

Ess- und Trinksitten

Eine schöne Geste vor einer Mahlzeit ist das Aneinanderlegen der Hände wie im Gebet, meist schon mit eingeklemmten Essstäbchen, und das kurze Verbeugen vor dem Essen als Zeichen des Respekts. In Gesellschaft sagt man dazu **itadaki-masu** = ich nehme. In Bezug auf die Stäbchen gibt es Tabus, die mit Verstorbenen assoziiert werden, etwa Essstäbchen niemals in die Reisschale zu stecken oder Bissen an andere mit Stäbchen weiter zu reichen. Gibt es Servierbesteck, sollte man sich auch nicht mit den eigenen Stäbchen bedienen. Bei Nudelsuppen ist Schlürfen ein Zeichen des Wohlgeschmacks, auch sollen Nudeln im Stück eingezogen werden. Nach dem Essen sagt man **go-chisō-sama deshita** = es war köstlich. Früher galt Essen und Trinken im Gehen als unhöflich. Aber heute wird in Vierteln wie Asakusa in Tokyo, Ausflugsstädten wie Kamakura oder Kawagoe geradezu geworben mit den Snacks, die man im Gehen (**tabe-aruki** = *essen-gehen*) verzehren kann.

In Gesellschaft sind die Menschen in Lokalen sehr lebhaft, überhaupt nicht steif, wie man von japanischen Reisegruppen, die nach Europa kommen, den Eindruck bekommen mag, sondern im Gegenteil sehr temperamentvoll. Der Alkohol spielt dabei eine nicht unwesentliche Rolle.

Alkohol

Einsame Trinker sind in Japan nicht erwünscht. Man schenkt sich sein Getränk nicht selbst ein, wenn man in Gesellschaft ist, sondern schenkt stets einander ein. Also achtet man immer darauf, ob das Glas des oder der anderen nachgefüllt werden sollte. Wenn Sie nicht zu viel Alkohol nachgeschenkt bekommen möchten, nippen Sie nur etwas am Glas! Beliebte Getränke sind Sake (**nihon-shu** = Japan-Wein), Bier, **chūhai** (**shōchu** mit Fruchtsaft und Soda), Whisky mit Soda (**mizu-wari** = mit Wasser, im Winter auch als **oyuwari** mit heißem Wasser). Japaner vertragen keine großen Alkoholmengen. Der Alkoholkonsum zeigt also schnell Wirkung, und sie werden recht lustig, wenn sie es nicht schon vorher sind. Interessant, wie beliebt Bier aus Krügen unter jungen Frauen ist, ältere bevorzugen Rotwein.

Bad und Toilette

Früher waren die Wohnungen kleiner und hatten häufig kein Bad. Dafür gab es in jedem Wohnviertel öffentliche Bäder **(sentō).** Mit wachsendem Wohlstand sind die meisten verschwunden; in traditionellen Wohnvierteln sieht man sie noch gelegentlich, erkennbar am Schornstein. Aber in gewisser Weise erleben sie inzwischen ein Comeback als Wellnessoasen. Dafür bieten sie unterschiedliche Bäder, Jacuzzi, Sauna, Geselligkeit und mehr Platz als das eigene Badezimmer.

Besuche im **sentō** oder **onsen** (Thermalbad) sind eine sehr empfehlenswerte kulturelle Erfahrung. Sie sollten sich jedoch vorher mit dem Prozedere vertraut machen, wenn Sie keine misstrauischen Blicke oder gar Missfallen der Einheimischen ernten wollen. Betreten nach weiblich (rot) oder männlich (blau), Abstellen der Schuhe in die dafür vorgesehenen Fächer, Entkleiden im Vorraum (die Kleidung kommt in den Korb bzw. Spind), Wertsachen in dafür vorgesehene verschließbare Fächer. Im Baderaum: **vor Betreten des Beckens sehr gründliches Einseifen und Abspülen** mittels der in der Regel vorhanden Plastikschalen, heute meist auch Duschen. Erst wenn jeder noch so winzige Seifenrest abgewaschen ist, darf man das Becken betreten. Männer halten sich häufig das winzige Handtuch vor die Scham, falten es vor Betreten des Beckens und legen es auf dem Kopf ab. Frauen tun das weniger. Wenn Ihnen das Wasser zu heiß ist – meist gibt es Becken mit unterschiedlicher Temperatur, in einfachen **sentō** aber oft nur eines – dürfen Sie die Füße kurz mit dem Hahn für kaltes Wasser vorbereiten. Einheimische sehen aber nicht gern, wenn das Wasser dadurch abgekühlt wird!

Japan ist ein Paradies, was die Verfügbarkeit von öffentlichen, dazu kostenlosen und fast durchweg sauberen Toiletten betrifft. Natürlich gibt es genügend davon in Bahnhöfen und Kaufhäusern, aber auch selbst in winzigen Parks und auf manchen Berggipfeln. In Berghütten und auf dem Lande sind die traditionellen Hocktoiletten noch anzutreffen, in den Städten überwiegen die berühmten **washlets** mit ihren Funktionen: beheizbare Klobrille, Bidet- und Afterdusche (an entsprechenden Symbolen erkennbar), Föhn zum Abtrocknen, für schamhafte Frauen die **otohime** („Geräuschprinzessin"): Bei Knopfdruck ertönt ein Spülgeräusch und überdeckt so die eigenen.

Sicherheit

Japan gilt als eines der sichersten Länder weltweit. Auch für Tokyo und Umgebung, die größte Metropolregion der Erde, trifft das zu. Gegenseitiger Respekt und regelbasierter Alltag tragen maßgeblich zur Sicherheit bei, auch das äußerst strenge Waffengesetz spielt eine Rolle. Frauen können sich sehr sicher fühlen. Selbst wenn sie mitten in der Nacht durch schmale Gassen gehen, müssen sie nicht befürchten, belästigt zu werden. Es kommt aber auch in Japan gelegentlich vor, dass jemand von Stalkern belästigt wird. Dennoch sollte man überall dort, wo Gedränge herrscht, auf Wertsachen besonders achtgeben. In vollen Zügen sollte man ohnehin Rucksäcke vorne tragen. Fahrraddiebstahl, Einbrüche in

Autos oder Häuser betreffen eher Bewohner als Touristen. Die unzähligen Polizeiboxen tragen mit zum Gefühl von Sicherheit bei. Denn die Polizei (**keisatsu**) wird noch als „Freund und Helfer", gern auch als **mawari-san** „Herr Nachbar" empfunden. Sie erkundigen sich z. B. nach dem Befinden älterer Mitbürger, man kann sie auch als Tourist jederzeit nach dem Weg fragen, usw.

Öffentlicher Verkehr

Schwarzfahren ist prinzipiell nicht möglich, weil die Fahrkarten oder Bezahlkarten wie die Suica beim Bahnfahren am Ausgang automatisch kontrolliert werden und man – wird die Sperre geschlossen – nebenan am Schalter den fehlenden Betrag entrichtet. Beim Busfahren zahlt man z. B. in Tokyo vorn beim Einsteigen, in der Provinz beim Aussteigen. Man muss dort beim Einsteigen ein Ticket mit der Nummer der Haltestelle ziehen und zahlt beim Aussteigen den zur Nummer angezeigten Betrag.

Der *manner mode* マナーモード besagt: kein Lärm im Zug, keine Klingeltöne, Videos und Computerspiele nur mit Kopfhörer. Vor den Sitzen für Behinderte sollte man das Handy gar nicht benutzen, um Personen mit Herzschrittmachern zu schützen. Nicht gern gesehen wird Essen in städtischen Zügen, im Gegensatz zu längeren Bahnfahrten, wo Essen eines der Hauptvergnügen ist. Rucksackreisende sollten in vollen Zügen oder Bussen ihr Gepäck vorn tragen oder ganz abnehmen und zu Füßen stellen.

Auf Rolltreppen steht man in der Region Kantō links, in Kansai rechts. Es gibt die bisher noch erfolglose Kampagne der Bahn, dass man zum schnelleren „Auffüllen" der Rolltreppe links und rechts steht, einander also nicht überholt, aber das hat sich noch nicht durchgesetzt. Man möchte denen, die es eilig haben, Platz lassen.

Schrein und Tempel

Es gibt in Japan buddhistische Tempel und Shinto-Schreine. Für bestimmte Anlässe gibt es Zeremonien, aber Gottesdienste wie bei uns werden nicht abgehalten. Für den Besuch eines Shintō-Schreins gelten nur einige einfache Regeln:

Den **torii,** das Schreintor, durchschreitet man an der Seite (die Mitte ist für die Götter), am Reinigungsbrunnen übergießt man erst eine, dann die andere Hand, gießt dann etwas Wasser in die erste Hand und reinigt den Mund. Am besten schauen Sie sich die genaue Prozedur ab.

Am Schrein gilt die Regel: 二礼二拍一礼 **ni rei ni haku ichi rei,** 2x Verbeugen, 2x Klatschen (ggf. Beten), 1x Verbeugen. Vorher wirft man üblicherweise eine 5-Yen-Münze in den Opferkasten.

In Tempeln ist es noch einfacher. Anders als in Schreinen ist kein bestimmtes Verhalten vorgeschrieben. Man wirft ebenfalls eine 5-Yen-Münze in den Kasten, verbeugt sich, betet ggf. und verbeugt sich danach noch einmal. Wenn man den Tempel ohne Schuhe betreten muss, lässt man sie draußen.

Am Atago-Schrein in Tōkyō (links im Bild das korrekte Verhalten)

Anrede

Wie im Abschnitt „Personalpronomen“ bereits erwähnt, verwenden Japaner lieber Namen, Titel, Position als „du“ oder „Sie“. Der im Grunde gleiche Satz klingt dann je nach Sprachebene so:

umgangs-sprachlich:	恵子さん明日ひま(ですか)? **Keiko-san, ash^{i}ta hima (-des^{u} ka) ?** *Keiko-Fräulein morgen frei?* Hast du morgen Zeit, Keiko?

normal höflich:	鈴木さん明日時間がありますか **Suzuki-san, ash^{i}ta jikan ga ari-mas^{u} ka** *Suzuki-Herr, morgen Zeit 1 gibt-es?* Herr Suzuki, haben Sie morgen Zeit?

sehr höf-lich:	先生明日少しお時間がございますか **sensei, ash^{i}ta s^{u}koshi o-jikan ga gozai-mas^{u} ka** *Lehrer, morgen etwas ehrenwerte-Zeit 1 gibt-es ?* Haben Sie morgen Zeit, Herr Professor?

Wie Sie bemerkt haben, ist **-san** geschlechtsneutral. Will man besonders höflich sein, sagt man **-sama.** Auch die Götter – **kami** – des Shintō redet man als **kami-sama** an. Kinder dagegen redet man mit **-chan** an, z. B. **Yukiko-chan.** Unter Freundinnen benutzen auch Frauen Vornamen und **-chan.** Jungen und jüngere, untergeordnete Männer werden von Älteren jedoch mit **-kun** angeredet: **Michio-kun.** Für sich selbst benutzt man keines davon.

私はマイヤーと申します
wata(k^{u})shi wa Meier to mōshi-mas^{u}
ich 1 Meier so sagen
Ich heiße Meier.

Fremde Menschen werden wie in anderen asiatischen Ländern, vor allem auf dem Land, aber auch gern mit Verwandtschaftsbezeichnungen angeredet, und zwar nicht nur von Kindern:

おばさん	**oba-san**	Tante
おじさん	**oji-san**	Onkel
おばあさん	**obā-san**	Oma
おじいさん	**ojii-san**	Opa

Jüngere Geschwister reden übrigens immer ihre älteren Geschwister mit deren „Titel“ an, nie mit Namen:

お姉さん	**onē-san**	ältere Schwester
お兄さん	**onii-san**	älterer Bruder

Die Älteren reden ihre jüngeren Geschwister dagegen nur mit ihrem Namen an. Mutter und Vater werden so angesprochen:

お母さん	**okā-san**	Mutter
お父さん	**otō-san**	Vater

Ehepaare ohne Kinder, aber z. B. mit Hund, reden von sich ebenso: **Otō-san no tokoro ni oide!** („Komm zu Papa!“). Diese Anrede benutzt man auch, wenn man von anderer Leute Eltern spricht. Meint man allerdings seine eigenen, sagt man:

私の母	**(wata-ku-shi no) haha**	(meine) Mutter
私の父	**(wata-ku-shi no) chichi**	(mein) Vater

Begrüßen und Verabschieden

Dieses Kapitel zum Anhören: siehe Seite 176

Angesichts der Bedeutung von Höflichkeit in der zwischenmenschlichen Kommunikation, gibt es im Japanischen für jede Situation Rituale mit den dazugehörigen Gesprächsfloskeln. Sie müssen nicht alle selbst auswendig kennen, aber es schadet ja nicht, zu wissen, was sie bedeuten.

Sich vorstellen

Wenn sich zwei Fremde zum ersten Mal begegnen und miteinander sprechen, sagen sie üblicherweise:

初めまして
hajime-mash^{i}te
Es freut mich, Ihre Bekanntschaft zu machen.

Bei der Begrüßung verbeugen sich beide und tauschen anschließend ihre Visitenkarten aus mit den Worten:

どうぞよろしく(お願いいたします)
dōzo yorosh^{i}ku (o-negai shi-mas^{u})
bitte zufriedenstellend (Wunsch machen)
Bitte seien Sie mir wohlgesonnen.

Visitenkarten werden in Japan nicht gleich weggesteckt, sondern sorgfältig studiert, denn sie enthalten die notwendigen Hinweise zur Bestimmung der relativen gesellschaftlichen Stellung des jeweiligen Gesprächspartners. Und dann heißt es:

私の名前は. . . です **watashi no namae wa ... des[u]** Ich heiße ...	。。。と申します **... to mōshi-mas[u]** Ich heiße ...

Jemanden vorstellen

橋本先生ご紹介しますね
(Hashimoto-sensei) go-shōkai shi-mas[u]
Ich stelle Ihnen (Professor Hashimoto) vor.

こちらはサイトウさんです
kochira wa Saitō-san des[u]
dies 1 Herr/Frau-Saitō ist
Das ist Herr/Frau Saitō.

Wenn Japaner nicht wissen, wie ein Name geschrieben wird, verwenden sie Katakana.

Allgemeine Gesprächsformeln

おはいよう ございます	**o-hayō gozai-mas[u]**	Guten Morgen!
こんにちは	**konnichi wa**	Guten Tag!
こんばんは	**komban wa**	Guten Abend!
さようなら	**sayōnara**	Auf Wiedersehen! (bei längerem Abschied)
それじゃあ	**sore jā**	Auf Wiedersehen! (unter Frauen)
じゃあね	**jā ne**	Bis zum nächsten Mal! (unter Kollegen)

じゃあまた	**jā mata**	Bis zum nächsten Mal! (bei der Heimkehr und Abschied von der Arbeit)
お疲れ様	**o-tsukare-sama**	„Es war sicher ermüdend!“ (nach einer Anstrengung)
おやすみなさい	**oyasumi-nasai**	Gute Nacht!

Bitten, Danken, Wünschen

Das entsprechende Vokabular für Höflichkeiten finden Sie hier:

どうぞ	**dōzo**	bitte (bei Gefallen)
お願いします	**o-negai shi-mas[u]**	ich bitte (Sie)
どうもありがとうございます	**(dōmo) arigatō gozai-mas[u]**	Vielen Dank! (Gefälligkeit findet gerade statt)
どうもありがとうございました	**(dōmo) arigatō gozai-mash[i]ta**	Vielen Dank! (Gefälligkeit hat schon stattgefunden)
どういたしまして	**dō-itashimash[i]te**	Keine Ursache! (Antwort auf Dank)

ご苦労様でした
gokurōsama (deshita)
Vielen Dank für Ihre Mühe!

お元気ですか	**o-genki desu ka**	Wie geht's?
お陰様で	**okagesama de**	Danke der Nachfrage.

どうも	**dōmo**	danke, bitte, Entschuldigung, etc.
すみません	**su(m)imasen**	Entschuldigung! (zu Fremden)

ごめんなさい
gomen-nasai
Entschuldigen Sie bitte!

ごめん下さい
gomen-kudasai
Entschuldigen Sie bitte!

失礼します
shitsurei shi-mas^u^
unhöflich mache
Verzeihen Sie! (wenn man jmd. besucht, nach dem Klingeln)

お邪魔します
o-jama shimas^u^
Belästigung mache
Entschuldigen Sie die Störung! (beim Ankommen)

お邪魔します
o-jama shimash^i^ta
Belästigung gemacht-habe
Entschuldigen Sie, dass ich Sie so lange aufgehalten habe. (beim Weggehen)

構いません
kamaimasen
Das macht nichts.

仕方がありません
shikata ga arimasen
Da kann man nichts machen.

おめでとうございます
omedetō gozaimas^u^
Herzlichen Glückwunsch!

あけまして おめでとうございます
akemash^i^te omedetō gozaimas^u^
Frohes Neues Jahr!

頑張ってください
gambatte kudasai
Tun Sie bitte Ihr Bestes! / Kämpfen Sie bitte!

頑張りましょう
gambarimashō
Lasst uns unser Bestes tun! / Kämpfen wir!

Ausrufe und Lückenfüller

Diese werden im Japanischen recht häufig verwendet. Sie werden Ihnen in Gesprächen immer wieder auffallen:

あっ	**a** *(mit "glottal stop")*	Oh!
あっ 楽しいです	**a, tanoshii des^u^!**	Oh, das ist angenehm!
凄い	**sugoi**	sagenhaft!
そんなことだ	**sonna koto da**	ja, so was?!
あらまあ	**ara mā**	Ach!? (von Frauen)
何これ	**nani kore**	Ausdruck des Erstaunens
まあ	**mā**	Ausdruck des Zögerns, des Erstaunens oder der Ermunterung
あのね	**ano nē**	also, ah, also bitte, nicht wahr?

ちょっと	**chotto**	einen Moment bitte!
今	**ima**	einen Moment bitte!

今なん時ですか
ima nan-ji des^u ka
Einen Moment bitte, wie spät ist es?

じゃあ / では	**jā / de wa**	nun
それじゃあ	**sore jā**	ja, wenn das so ist …
それでは	**sore de wa**	ja, wenn das so ist …
なるほど	**naruhodo**	tatsächlich (nur Männer)
どうも	**dōmo**	sehr, bitte

Ein wirklich wichtiges, höfliches Füllwort: mit **dōmo** kann man alles Mögliche ausdrücken: Dank, eine Bitte, einfach Höflichkeiten, oft nur ein Füller, wenn man nicht recht weiß, was man sagen soll, auch beim Verabschieden.

もしもし	**moshi-moshi**	hallo hallo (am Telefon)
ね, な	**ne, nē** (ugs.: **na**)	am Satzende: nicht wahr? (nur Männer)
そうですね	**sō des^u nē**	nicht wahr, so ist es doch?
きれいですね	**kirei des^u ne**	Das ist schön, nicht wahr?
あっそうですか	**a sō des^u ka**	ach, so ist das?
よ, ugs.: わ	**yo** (ugs.: **wa**)	am Satzende: „bestimmt, so ist es" (nur Frauen)
しょうがない	**shō ga nai**	da kann man nichts machen
だめです	**dame des^u**	es geht nicht, es wird nichts

Das erste Gespräch

Japaner sind allgemein neugierig, interessieren sich aber zugleich ehrlich für uns **gaijin.** So könnten erste Gespräche aussehen:

Dieses Kapitel zum Anhören: siehe Seite 176

?

あなたの名前は何ですか。
anata no namae wa nan des^{u} ka
du 2 Name 1 was ist ?
Wie heißt du/heißen Sie?

mögliche Antwort

私はレナと申します。
watashi wa Lena to mōshimas^{u}
ich 1 Lena so heiße
Ich heiße Lena.

?

お国はどちらですか。
o-kuni wa dochira des^{u} ka
Ihr-Land 1 welche-Richtung ist ?
Woher kommen Sie?

どこから来ますか。
doko kara kimash^{i}ta ka
wo von gekommen ?
Woher kommen Sie?

mögliche Antworten

ドイツです。
doitsu des^{u}
Deutschland
Aus Deutschland.

オーストリアです。
os^{u}toriya des^{u}
Österreich ist
Aus Österreich.

スイスです。
suis^{u} des^{u}
Schweiz ist
Aus der Schweiz.

日本へは始めてですか。
nihon e wa hajimete des^{u} ka
Japan nach 1 angefangen ist?
Sind Sie zum ersten Mal in Japan?

mögliche Antwort

いいえ二回目です。
iie, ni kai-me des^{u}
nein, zweites-Mal ist
Nein, zum zweiten Mal.

日本には長いですか。
Nihon ni wa nagai des^{u} ka
Japan in 1 lange ist ?
Sind Sie schon lange in Japan?

mögliche Antwort

三週間です。
san shūkan des^{u}
drei Wochen ist
Seit drei Wochen.

どの位日本に居ますか。
dono gurai nihon ni imas^{u} ka
wie etwa Japan in sein ?
Wie lange etwa werden Sie in Japan bleiben?

mögliche Antwort

後一週間です。
ato is-shūkan des^{u}
noch eine-Woche ist
Noch eine Woche.

アメリカ人ですか。
Amerika-jin des^{u} ka
Amerika-Mensch sein ?
Sind Sie Amerikaner?

mögliche Antwort

いいえドイツ人です。
iie, doitsu-jin des^{u}
nein, Deutsch-Mensch sein
Nein, Deutscher.

今どこに泊まっていますか。
ima doko ni tomatte imas^u ka
jetzt wo in bleibend sein ?
Wo wohnen/übernachten Sie jetzt?

mögliche Antwort

ユースホステルに泊まっています。
yus^u-hoster^u ni tomatte imas^u
Jugendherberge in bleibend sein
In der Jugendherberge.

日本は気に入りましたか。
Nihon wa ki ni irimash^ita ka
Japan 1 Gefühl 3 hineinkam ?
Gefällt dir/Ihnen Japan?

mögliche Antwort

はいとても気に入りました。
hai, totemo ki ni irimash^ita
ja, sehr Gefühl 3 hereinkam
Ja, es gefällt mir sehr.

どこが一番楽しかったですか。
doko ga ichiban tanoshikatta des^u ka
wo 1 am-meisten angenehm-war ist ?
Wo war es am schönsten?

Ein typisches Kompliment, das man als **gaijin** in schöner Regelmäßigkeit zu hören bekommen wird:

日本語がお上手ですね。
Nihongo ga o-jōzu des^u ne
Japanisch 1 ehrenwert-gut ist nicht-wahr
Ihr Japanisch ist aber (sehr) gut.

おいくつですか。
o-ikutsu des^u ka
ehrenwert-wie-viel ist ?
Wie alt sind Sie?

mögliche Antwort

三十五才。
san-jū-go-sai
drei-zehn-fünf Jahre
35 Jahre.

もう結婚していますか。
mō kekkon-sh^ite imas^u ka
schon Heirat-gemacht sind ?
Sind Sie schon verheiratet?

mögliche Antwort

いいえまだ一人です。
iie, mada hitori des^u
nein noch allein sein
Nein, noch nicht.

お子(供)さんいますか。
o-ko(-domo)-san imas^u ka
ehrenwert Kind(-er) ist(sind) ?
Haben Sie Kinder?

mögliche Antwort

はい二人います。女の子と男の子です。
hai, futari imas^u onna-no-ko to otoko no ko des^u
ja, zwei-Menschen haben, Mädchen und Junge ist
Ja, zwei Kinder, ein Mädchen und einen Jungen.

Japaner legen viel Wert auf die Familie – **kazoku** – und auf Familienbeziehungen. Die Eltern und Älteren werden hochgeachtet.

ご両親は健在ですか。

go-ryōshin wa kenzai des^{u} ka

ehrenwert-Eltern 1 gesund ist ?

Sind Ihre Eltern gesund?

いいえ、もう亡くなりました。

iie, mō naku narimash^{i}ta

nein, schon verschwunden geworden

Nein, sie sind schon gestorben.

どこの学校／大学ですか。

doko no gakkō/daigaku des^{u} ka

wo 2 Schule/Universität ist ?

Auf welche Schule/Universität gehst du?

Nach dem 2. Weltkrieg übernahm Japan das amerikanische Schulsystem mit 6 Klassen Grundschule – **shō-gakkō** –, 3 Klassen Mittelschule – **chū-gakkō** – und wenn man dann noch will, 3 Jahren Oberschule – **kōtō-gakkō.** Studenten – **gakusei** – fragt man in Japan nie nach dem Studienfach, sondern stets nach der Schule/Uni, was gleichbedeutend mit der Frage ist: Welchen Status hast du?

又会いましょう。

mata aimashō

wieder treffen-lasst-uns

Wollen wir uns nicht wiedersehen?

お気をつけて。

o-ki o-tsukete

ehrenwert-Geist Lebenskraft-einschalten

Gib(Geben Sie) auf dich(sich) Acht!

又どうぞ。
mata dōzō
wieder bitte
Schauen Sie doch wieder vorbei!

お元気で。
o-genki de
ehrenwert lebhaft mit
Bleib(en Sie) gesund!

どうもあなたもね。
dōmo, anata mo ne
sehr du auch nicht-wahr
Danke, gleichfalls.

Zu Gast sein

Ausländer dürfen es sich in Japan als besondere Ehre anrechnen, wenn sie zu jemandem nach Hause eingeladen werden. Man trifft sich eher in einem der unzähligen Lokale zum Essen als zu Hause, nicht selten, weil viele sich schämen, in das möglicherweise kleine und enge Häuschen einzuladen. Für den ersten Besuch in einem Haus gibt es eigentlich ein formelles Begrüßungsritual zu beachten, aber mit normaler Höflichkeit machen Sie nichts verkehrt. Als Mitbringsel eignen sich Blumen, Souvenirs von zu Hause, Obst und Ähnliches. Siehe auch: **Kapitel „Kurz-Knigge“ auf Seite 65** und mein ebenfalls im Reise Know-How Verlag erschienenes Buch „KulturSchock Japan“.

ごめんください
gomen kudasai
Entschuldigen Sie bitte!
(vor Betreten)

いらしゃいませ
irasshaimase
Herzlich willkommen!

よくいらしゃいました
yoku irasshaimash[i]ta
Herzlich willkommen!

よく来てくれてありがとう
yoku kite-kurete arigatō
Nett, dass Sie gekommen sind!

お入りください	**o-hairi kudasai**	Bitte kommen Sie herein!
どうぞこちらへ	**dōzō kochira e**	Bitte hier entlang!
どうぞお先に	**dōzō o-saki ni**	Bitte nach Ihnen!
おかけください	**o-kake kudasai**	Bitte nehmen Sie Platz!

ちょっと待ってください
chotto matte kudasai
Bitte warten Sie eben!

ご遠慮なく
go-enryo naku
Fühlen Sie sich wie zu Hause!

どうぞ召し上がってください
dōzō meshi-agatte kudasai
Bitte bedienen Sie sich!

いただきます
itadaki-mas^u
Ich esse. (entspricht etwa unserem „Guten Appetit!")

(とても)美味しいです
(totemo) oishii des^u
Es ist (sehr) lecker.

もう結構です
mō kekkō des^u
Danke, ich habe genug.

ごちそうさまでした
go-chisō sama desh^{i}ta
Es war köstlich, vielen Dank.

Wenn es Zeit ist zu gehen, entspinnt sich vielleicht folgender Dialog:

(そろそろ)失礼します
(sorosoro) shitsurei shi-mas^{u}
Ich muss (langsam) gehen.

mögliche Antworten

どうぞごゆっくり
dōzō go-yukkuri
Lassen Sie sich Zeit.

もう少しください
mō s^{u}koshi kudasai
Noch ein wenig, bitte.

またおいでください
mata oide kudasai
Bitte kommen Sie wieder!

畏まりました
kashikomarimash^{i}ta
Gewiss, mit Vergnügen.

mögliche Antworten

お気を付けて
o ki o ts^{u}kete
Passen Sie auf sich auf! (sagt der Bleibende)

Wer mehrere Tage bei Freunden wohnt, sagt jedes Mal beim Weggehen bzw. Zurückkehren:

行ってきます
itte-ki-mas^{u}
Ich gehe und komme wieder. (sagt der Gehende)

いって(い)らっしゃい(ませ)
itte-(i)rasshai(-mase)
Kommen Sie wieder. (antwortet der Bleibende)

ただ今
tadaima
Ich bin wieder zurück.

おかえりなさい
o-kaeri(-nasai)
Willkommen daheim.

Unterwegs

Zu Fuß

。。。どこですか。
... doko desᵘ ka
... wo ist ?
Wo ist ...?

。。。どこにありますか。
... doko ni ari-masᵘ ka
... wo 1 gibt es ?
Wo gibt es ...?

。。。へ行きたいと思います
... e ikitai to omoimasᵘ
... nach gehen-möchte so denke
Ich möchte nach / zum ... gehen.

駅 / 空港 / レストランへの行き方を教えて下さい。
eki / kūkō / resutoran e no iki-kata o oshiete kudasai
Bahnhof / Flughafen / Restaurant nach von Gehweise 4 lehrend bitte-geben
Wie komme ich bitte zum Bahnhof / Flughafen / Restaurant?

大仏へはどう行けばいいですか。
Dai-Butsu e wa dō ike-ba ii desᵘ ka
Großer-Buddha nach 1 wie falls-gehen gut ist ?
Wie gehe ich am besten zum Großen Buddha?

ここから皇居へはどの様に行けますか。
koko kara Kōkyo e wa dono yō ni ike-masᵘ ka
hier aus Kaiserpalast nach 1 welche Art in kann-gehen ?
Wie komme ich von hier zum Kaiserpalast?

。。。迄どの位かかりますか。
... made dono gurai kakari-mas^{u} ka
... bis wie-viel etwa dauert ?
Wie lange braucht man etwa bis ...?

この近くの観光名所を教えて下さい。
kono chikaku no kankō-meisho o oshiete kudasai
diese Nähe 2 Sehenswürdigkeit 4 lehrend bitte-geben-Sie
Was gibt es in der Umgebung für Sehenswürdigkeiten?

この地図でここはどこですか。
kono chizu de koko wa doko des^{u} ka
diese Karte auf hier 1 wo ist ?
Können Sie mir auf der Karte zeigen, wo wir hier sind?

右に曲がる	**migi ni magaru**	rechts abbiegen
左に曲がる	**hidari ni magaru**	links abbiegen
まっすぐに行く	**massugu ni iku**	geradeaus gehen/fahren
ハイキングする	**haiking^{u} suru**	wandern
ハイキングコース	**haiking^{u} kōsu**	Wanderweg
リュック(サック)	**ryukk^{u}(sakk^{u})**	Rucksack
自然	**shizen**	Natur
景色	**keshiki**	Landschaft
滝	**taki**	Wasserfall
川	**kawa**	Fluss
湖	**mizu'umi**	See
海	**umi**	Meer
浜	**hama**	Strand
山	**yama**	Berg
頂上/峰	**chōjō/mine**	Gipfel
渓谷	**keikoku**	Tal

森/林	**mori/hayashi**	Wald
お天気	**o-tenki**	Wetter
雪	**yuki**	Schnee
雷雨	**rai'u**	Gewitter
雨	**ame**	Regen
ゲリラ豪雨	**gerira gōu**	Starkregen
雷	**kaminari**	Donner
台風	**tai-fū**	Taifun
猿	**saru**	Affe
熊	**kuma**	Bär
魚	**sakana**	Fisch
猪	**inoshishi**	Wildschwein
カモシカ	**kamosh[i]ka**	Japan-Gams
鳥	**tori**	Vogel
鯨	**kujira**	Wal

Mit öffentlichen Verkehrsmitteln

Das Fahren mit S-Bahn – **densha** – und U-Bahn – **chikatetsu** – erfordert wenig Übung, schwieriger ist Busfahren – **basu** – mit Haltestellenangaben vom Band und Fahrpreisberechnung auf dem Land. Zum Taxifahren – **takushi** – braucht man Sprachkenntnisse, um den Fahrer ans Ziel zu dirigieren.

一番近い駅はどこですか。
ichiban chikai eki wa doko des[u] ka
der-erste nahe Bahnhof 1 wo ist ?
Wo ist der nächste Bahnhof?

Dieses Kapitel zum Anhören: siehe Seite 176

。。。行き電車／バスの予定を教えて下さい。

... iki densha/basu no yōtei o oshiete kudasai

... gehen Zug/Bus 2 Fahrplan 4 lehrend bitte-geben

Wann bitte fährt der Zug/Bus nach ... ab?

切符はどこで買えますか。

kippu wa doko de kae-mas^u ka

Fahrkarte 1 wo in kaufen-können ?

Wo kann ich die Fahrkarte kaufen?

。。。迄いくらですか。

... made ikura des^u ka

... bis wie-viel ist ?

Was kostet es bis ...?

。。。止まりますか

... ni tomari-mas^u ka

... in hält ?

Hält dieser Zug in ...?

小銭が無いので両が両替(どこなら)出来ますか。

kozeni ga nainode, ryōgae (doko nara) deki-mas^u ka

Kleingeld 1 nicht-habe, Geld-wechseln (wo werden) kann ?

Ich habe kein Kleingeld, (wo) kann ich den Schein wechseln?

。。。迄いくつ目で降りますか。

... made ikutsu-me de ori-mas^u ka

... bis wie-viel-te bei aussteigen ?

Wie viele Stationen sind es bis ...?

この電車は。。。へ行きますか。

kono densha wa ... e iki-mas^u ka

dieser Zug 1 ... in fährt ?

Fährt dieser Zug nach ...?

どこで乗り換えるんですか

doko de nori-kaeru n des^u ka

wo in umsteigen von ist ?

Wo muss ich umsteigen?

それで何線に。

sore-de nani sen ni

danach welche Linie in

Zu welcher Linie muss ich umsteigen?

U-Bahn fahren in Tōkyō ist nicht so schwierig, wie es aussieht.

次の地下鉄駅はどこですか。

tsugi no ch^{i}katetsu eki wa doko des^{u} ka

nächste 2 U-Bahn Station 1 wo ist ?

Wo ist die nächste U-Bahn-Station?

バス乗り場／タクシスタンドはどこですか。

bas^{u} noriba/tak^{u}shi-s^{u}tando wa doko des^{u} ka

Bus Zustieg / Taxi-Stand 1 wo ist ?

Wo ist eine Bushaltestelle / ein Taxistand?

ここから何分位。

koko kara nan-pun gurai

hier von was-Minuten etwa

Wie viele Minuten von hier ist das etwa?

まっすぐ	**massugu**	geradeaus
左	**hidari**	links
前	**mae**	vor
そば	**soba**	nahe, neben
角	**kado**	Ecke
信号	**shingō**	Ampel
向	**mukai**	gegenüber
右	**migi**	rechts
後ろ	**ushiro**	hinter
となり	**tonari**	nebenan
交差点	**kōsaten**	Kreuzung
建物	**tatemono**	Gebäude

Für „Gebäude" wird auch **biru** verwendet.

Mit dem Taxi

Zum Taxifahren nehmen **gaijin** gern einen Zettel mit, auf der die Zieladresse auf Japanisch geschrieben ist und zeigen ihn dem Fahrer. Der gehört nicht immer zu den Ortskundigen, da er vielleicht neu vom Lande gekommen ist. Fremdsprachen sind daher nicht seine Spezialität. Aber heute leitet ja das Navi ans Ziel.

ホテル。。。へ行って下さい。
hoter[u] ... e itte kudasai
Hotel ... nach gehen bitte
Fahren Sie bitte zum Hotel ...

そこで止まって下さい。
soko de tomatte kudasai
dort bei halten bitte
Halten Sie bitte dort.

次を右(左)に曲がって下さい。
tsugi o migi (hidari) ni magatte kudasai
nächste 4 rechts (links) in abbiegen bitte
Die nächste Straße rechts (links) abbiegen!

もう少しゆっくり走って下さい。
mō sukoshi yukkuri hash'tte kudasai
noch etwas langsamer fahren bitte
Fahren Sie bitte etwas langsamer!

平日	**heijitsu**	werktags
休日	**kyūjitsu**	Sa / So
祭日	**saijitsu**	Feiertag
曜日	**yōbi**	-tag (Wochentag)
観光	**kankō**	Tourismus
観光案内所	**kankō annai-sho**	Touristeninformation
案内所	**annai-sho**	Informationsbüro
快速	**kaisoku**	Schnellzug (hält nicht überall!)
予約	**yoyaku**	Reservierung
到着	**tōchaku**	Ankunft
出発	**shuppatsu**	Abfahrt
切符売り場	**kippu-uriba**	Fahrkartenschalter
券売機	**ken-baiki**	Fahrkartenautomat

Mit der Fähre

この船（フェリー）で松山へ行けますか。
kono fune (ferii) de Matsuyama e-ike-mas[u] ka
dieses Schiff (Fähre) mit Matsuyama nach gehen kann ?
Kann ich mit diesem Schiff nach Matsuyama fahren?

二等二まい。
ni-tō ni mai
2-Klasse zwei Karten
Zwei Fahrkarten für die 2. Klasse.

一等一まい。
it-tō ichi mai
1-Klasse eine Karte
Eine Fahrkarte für die 1. Klasse.

Die Fähren haben in der ersten Klasse bequeme Sitze, in der zweiten Klasse oft Tatami-Boden (Reisstrohmatten oder Teppichboden) ohne Sitze – alles liegt oder sitzt während der Fahrt auf dem Boden. Langstreckenfähren haben natürlich auch Kabinen.

Mit dem Zug

In den größeren Bahnhöfen findet sich in den **byū-puraza** (view plaza) genannten Reiseservicezentren immer englischsprachiges Personal, in der Provinz ist das eher selten. Es empfiehlt sich, für Fahrten mit dem **Shinkansen** (Superexpress) vorher zu reservieren. Teilweise ist es sogar notwendig; das gilt auch für manche Expresszüge, die nur reservierte Plätze haben.

新幹線の予約出来ますか。
Shinkansen no yoyaku deki-mas^u ka
Shinkansen 2 Reservierung kann ?
Kann ich einen Platz im Shinkansen reservieren?

この席は空いていますか。
kono seki wa ai-te-i-mas^u ka
dieser Sitz 1 frei ist ?
Ist dieser Sitzplatz frei?

この列車に食堂車が有りますか。
kono ressha ni shokudō-sha ga ari-mas^u ka
dieser Zug in Speisesaal-Wagen 1 gibt-es ?
Gibt es in diesem Zug einen Speisewagen?

それか駅弁も買えますか。
sore ka eki-ben mo kae-mas^u ka
oder ? eki-ben auch kaufen-kann ?
Oder kann man auch **eki-ben*** kaufen?

***eki-ben, o-bentō:** Fast jeder Bahnhof lockt mit einer örtlichen Spezialität, die in jedem Kursbuch steht, z. B. Reis, eingelegtes Gemüse, gebackene Schnitzel, Fisch, Omelett, Fischkäse (engl. *fish cake*, eine Fischzubereitung) und vieles mehr. Manche **eki-ben** sind so berühmt, dass Leute nur deswegen dorthin fahren. Ich musste einmal meinen Zug vor der Nase abfahren lassen, da ich vor lauter Einkaufen den Abfahrtspfiff überhört hatte. Meist werden **o-bentō** im Gang oder am Fenster angeboten.

駅	**eki**	Bahnhof
入口	**iri-guchi**	Eingang
出口	**de-guchi**	Ausgang
電車	**densha**	Zug (elektrisch)
列車	**ressha**	Zug (nicht-elektrisch)
地下鉄	**chikatetsu**	U-Bahn
新幹線	**shinkansen**	Superexpress
特急　快速	**tokkyū / kaisoku**	Express / Schnellzug
急行　普通	**kyūko / futsū**	Eilzug / Normalzug
切符	**kippu**	Fahrkarte
片道	**katamichi**	einfach
往復	**ōfuku**	hin und zurück
切符売り場	**kippu-uriba**	Fahrkartenschalter
運賃	**unchin**	Fahrpreis
時刻表	**jikoku-hyō**	Fahrplan
平日	**heijitsu**	wochentags
休日	**kyūjitsu**	feiertags
ｏｏｏ行き	**...-yuki**	nach ... fahrend
待合室	**machiai-shitsu**	Wartesaal
指定席	**shitei-seki**	reservierter Sitzplatz
自由席	**jiyū-seki**	unreservierter Sitzplatz

グリーン車	**green-sha**	1. Klasse-Wagen
普通	**futsū**	2. Klasse-Wagen
遺失物取扱所	**ishitsu-butsu-tori-atsukai-jo**	Fundbüro

Übernachten

In Luxushotels braucht man keine Japanischkenntnisse, aber schon in Businesshotels und vor allem in den traditionellen Herbergen der **Minshuku** und **Ryokan** ist dies häufig notwendig. Manchmal werden **gaijin** sogar freundlich abgewiesen, weil man befürchtet, dass sie sich nicht richtig zu benehmen wissen. Die der „Japanese Inn Group" angeschlossenen **Ryokan** sind freilich auf Ausländer eingerichtet. So oder so schadet es jedoch nicht, auf die speziellen Gepflogenheiten auch sprachlich vorbereitet zu sein. Hier zunächst ein paar gängige Sätze für Unterkünfte aller Art:

Dieses Kapitel zum Anhören: siehe Seite 176

部屋が空いていますか。
heya ga ai-te imas^u ka
Zimmer 1 frei ist ?
Haben Sie ein freies Zimmer?

ちょっと部屋を見せて下さい。
chotto, heya o misete kudasai
kurz, Zimmer 4 zeigen bitte
Könnte ich das Zimmer kurz sehen?

いつ迄お泊まりですか。
itsu made otomari des^u ka
wann bis bleiben ist ?
Bis wann bleiben Sie?

一週間です
is-shū-kan des[u]
1-Woche-lang ist
Ich bleibe eine Woche.

あさって迄です。
asatte made des[u]
übermorgen bis ist
Ich bleibe bis übermorgen.

もう一泊延長する事が出来ますか。
mō ippaku enchō suru koto ga deki-mas[u] ka
noch 1-Übernachtung Verlängerung machen Sache 1 können ?
Kann ich noch eine Nacht bleiben?

貴重品を預かって下さい。
kichō-hin o azukatte kudasai
Wertsachen 4 aufbewahrend bitte-geben
Bitte bewahren Sie meine Wertsachen auf.

個室	**ko-shitsu**	Einzelzimmer
二人部屋	**futari-beya**	Doppelzimmer
セミダブル	**semi daburu** *(semi double)*	kleines Doppelzimmer mit breitem Bett
風呂付	**furo-tsuki**	mit Bad
食事付	**shokuji-tsuki**	mit Mahlzeiten
ベット	**betto**	Schlafplatz (JH etc.)
一泊	**ip-paku**	eine Übernachtung
二泊	**ni-haku**	zwei Übernachtungen

夕食 / 朝食の時間を教えて下さい。
yū-shoku / chō-shoku no jikan o oshiete kudasai
Abendessen / Frühstück 2 Zeit 4 lehrend bitte-geben
Um wie viel Uhr wird das Abendessen / Frühstück serviert?

食事の場所はどこですか。

shokuji no basho wa doko des^{u} ka

Essen 2 Ort 1 wo ist?

Wo wird das Essen serviert?

庭園に入ってもいいですか。

tei-en ni haitte mo ii des^{u} ka

Garten in hereingehend auch gut ist ?

Darf ich den Garten betreten?

非常口はどこに有りますか。

hijō-guchi wa doko ni ari-mas^{u} ka

Wo befindet sich der Notausgang?

あしたは8時に起こして下さい。

ash^{i}ta wa hachi ji ni okosh^{i}te kudasai

morgen 1 acht Uhr um weckend bitte-geben

Wecken Sie mich morgen bitte um 8 Uhr.

ここにWi-Fiはありますか

koko ni waifai
wa arimas^{u} ka

Gibt es hier W-LAN?

パスワードは何ですか

pasuwādo wa
nani desu ka

Wie ist das Passwort?

エアコン / テレビ / 水道が故障してます。

eakon / terebi / suido ga koshō sh^{i}te-mas^{u}

Klimaanlage / TV / Wasserhahn 1 falsch macht

Die Klimaanlage / Fernseher / Wasserhahn funktioniert nicht.

バスタオルは有りますか。

bas^{u}-taor^{u} wa ari-mas^{u} ka

Badetuch 1 gibt-es ?

Haben Sie ein Badetuch?

隣りの部屋がうるさくてねむれません。

tonari no heya ga urusak^{u}te nemure-masen

neben 2 Zimmer 1 laut schlafen-können-nicht

Nebenan ist es so laut, ich kann nicht schlafen.

部屋の中が暑(寒)過ぎてねむれません。

heya no naka ga atsu-(samu)-sugite nemuremasen

Zimmer 2 innen 1 heiß-(kalt)-zu-viel-seiend schlafen-können-nicht

Das Zimmer ist zu heiß (kalt), ich kann nicht schlafen.

勘定／チェックお願いします。

kanjō/chekku onegai-shi-mas^{u}

Die Rechnung, bitte.

(もう一度)チェックして下さい。

(mō ichido) chekk^{u}-shite kudasai

(noch einmal) Rechnung-machend bitte-geben

Bitte überprüfen Sie die Rechnung (nochmal).

カードは使えますか。

kādo wa tsukae-mas^{u} ka

Karte 1 benutzen-können ?

Kann ich mit Kreditkarte bezahlen?

Meist ist das Emblem der akzeptierten Kreditkarte(n) angebracht.

タクシーを呼んで／頼んで下さい。

tak^{u}shi o yonde/tanonde kudasai

Taxi 4 rufend/bittend bitte-geben

Bitte rufen Sie ein Taxi!

駅迄のタクシー料金はいくら位ですか。
eki made no tak^u^shi ryōkin wa ikura gurai des^u^ ka
Bahnhof bis 2 Taxi Gebühr 1 wie-viel etwa ist ?
Wie viel kostet ein Taxi zum Bahnhof ungefähr?

急いで下さい。
isoide kudasai
Schnell, bitte.

よろしくお願いします。
yoroshiku onegai-shi-mas^u^
Bitte seien Sie mir wohlgesonnen!

Mit diesen Worten überreichen Kenner der Empfangsdame oder dem Zimmermädchen im **Ryokan** gleich nach Eintreffen (nicht erst beim Verlassen) einen speziellen Umschlag – **go-shūgi-bukuro** – als Trinkgeld oder besser gesagt „Bestechungsgeld" für besonderen Service, eines der wenigen traditionellen Beispiele für Trinkgeld in Japan.

Essen und Trinken

Wer sich auf die fremden Gaumengenüsse Japans einlässt, darf einzigartige Erlebnisse erwarten und wird dabei wohl manch nettes Abenteuer erleben. Es gibt anders als bei uns fast zwei Dutzend unterschiedliche Arten von Lokalen, deren Spezialitäten für den jeweiligen Lokaltyp charakteristisch sind. Grundlage der japanischen Küche ist der Reis – **gohan,** der ein Synonym für Essen allgemein ist (**go-han o taberu** = essen).

Nicht minder beliebt sind jedoch auch Nudeln – **soba, udon, rāmen** – dazu kommen traditionell jahreszeitliche Gemüse und alle Arten von Meeresfrüchten (einschließlich Seetang) und Fisch. Fleisch und Milchprodukte haben sich erst nach dem Krieg eingebürgert. Phantasie, riesige Konkurrenz und eine gehörige Portion

Perfektionismus haben aus einer ursprünglich einfachen Küche ein Paradies für kulinarische Genießer geschaffen. Wachsmodelle in den Auslagen zeigen in den meisten Lokalen, was es gibt. Wer das gewünschte Gericht danach auswählen will, braucht nur auf ein entsprechendes Modell oder ein bereits serviertes Gericht an einem Nachbartisch zu zeigen und zu sagen: **kore o kudasai** = *dieses bitte*. Schwierig wird es nur, wenn man vorher an der Kasse einen Bon kaufen muss. Für diese und andere Situationen rund ums Essen dienen die folgenden Beispielsätze.

お願いします
onegai-shimasu
Bitte
(hier:) Bedienung!

すみません
sumimasen
Entschuldigung
(hier:) Bedienung!

同じ物 / これ / あれを下さい。
onaji mono / kore / are o kudasai
Bitte geben Sie mir dasselbe / dies / das da.

メニューを見せて下さい。
menyu o misete kudasai
Speisekarte 4 zeigen bitte
Bitte bringen Sie mir die Speisekarte.

今日の定食 / 日替わりは何ですか。
kyō no teishoku / higawari wa nan des[u] ka
heute von Tagesmenü / Tagesspezialität 1 was ist ?
Welche(s) Tagesmenü / Tagesspezialität gibt es heute?

A / B / C　ランチを下さい。
A / B / C-ranchi o kudasai
A / B / C-Lunch 4 bitte
Bitte Mittagsmenü A / B / C. (englisch aussprechen!)

おすすめは。
o-susume wa
Was empfehlen Sie mir?

お任せします。
o-makase shimas[u]
Ich überlasse Ihnen die Zusammenstellung.

Beim Bestellen von Gerichten gilt die japanische Zählweise:

teishoku futatsu kudasai
Standardmenü zwei bitte-geben
Geben Sie uns bitte zwei Standardmenüs.

nami hitotsu, tokujo mittsu kudasai
Geben Sie uns bitte ein Standard- und drei Spezialmenüs.

食券を買うのですか。
Essensbon 4 kaufen von ist ?
shokken o kau no des[u] **ka**
Muss man vorher Bons kaufen?

Einen Essensbon vorab kaufen zu müssen ist in vielen Lokalen üblich, dabei bezahlt man am Eingang, häufig an Automaten (die oft Abbildungen der Gerichte haben), und muss natürlich wissen, was man bestellen möchte. Man gibt dann der Bedienung den Bon mit der Angabe des bestellten Gerichts. Wer den Namen des gewünschten Gerichtes nicht kennt, braucht die Bedienung nur mit einem **sumimasen** zum ausgewählten Wachsmodell zu führen.

お食事前に何を飲みますか。
o-shokuji mae ni nani o nomimas[u] **ka**
Essen vor 3 was 4 trinken ?
Was möchten Sie vor dem Essen trinken?

どういう飲み物がいいですか。
dō iu nomimono ga ii des^u ka
wie sagen (was für ein) Getränk 1 gut sein ?
Was möchten Sie vor dem Essen trinken?

お茶 / 紅茶 / コーヒー / ビール / お水下さい。
o-cha / kō-cha / kōhii / biiru / o-mizu kudasai
Grünen Tee / schwarzen Tee / Kaffee / Bier / kaltes Wasser, bitte.

ビール一本お願いします。
biiru o ip-pon o-negai shimas^u
Bier 4 1-Flasche Wunsch machen
Ich möchte eine Flasche Bier.

旬の物は何ですか。
shun no mono wa nan des^u ka
Jahreszeit von Ding 1 was ist ?
Welche jahreszeitliche Spezialität gibt es?

時間はどの位かかりますか。
jikan wa dono gurai kakarimas^u ka
Zeit 1 wieviel etwa dauert ?
Wie lange wird es etwa dauern?

時間がかかりますか
jikan ga kakarimas^u ka
Zeit 1 dauert ?
Dauert es lange?

おかわい下さい。
o-kawari kudasai
ehrenwert-Ersatz bitte
Noch etwas, bitte.

もう少し下さい。
mō s^ukoshi kudasai
schon etwas bitte
Noch etwas, bitte.

結構です
kekkō des^u^
Danke, es genügt.

トイレはどこですか。
toire wa doko des^u^ ka
Toilette 1 wo ist ?
Wo ist die Toilette?

お勘定お願いします。
o-kanjō o-negai shimas^u^
ehrenwert-Rechnung Wunsch machen
Die Rechnung, bitte.

割り勘	**warikan** = geteilte Rechnung (jeder zahlt seinen Anteil)
銘々 (めいめい)	**mei-mei** = jeder zahlt seine Rechnung

これはいくらですか
kore wa ikura des^u^ ka
Was kostet das?

全部でおいくらですか。
zembu de o-ikura des^u^ ka
zusammen mit wieviel ist ?
Was kostet alles zusammen?

Sake-Bar mit Snacks wie Gyōza oder Yakisoba (Akasaka, Tōkyō)

Höfliche Begriffe rund ums Essen:

召し上がって下さい。
Essen-aufnehmen-Sie bitte
meshi-agatte kudasai
Bitte greifen Sie zu.

いただきます。
nehme
itadakimas^{u}
Ich fange an zu essen.

itadakimas^{u} ist bescheiden für: ich esse – den Begriff „Guten Appetit“ gibt es nicht.

とてもおいしいです。
totemo oishii des^{u}
sehr lecker ist
Es schmeckt köstlich.

飲みたい
nomi-tai
trinken-möchte
Ich möchte trinken.

乾杯
kampai
Zum Wohl! Prosit!

食べたい
tabe-tai
essen-möchte
Ich möchte essen.

ご馳走様でした
gochisō-sama desh^{i}ta
köstlich war
Es hat köstlich geschmeckt.

Getränke und Essen

(アイス)コーヒー	**(ais^{u}-)kōhii**	(Eis-)Kaffee
牛乳 / ミルク	**gyūnyū / mir^{u}k^{u}**	Milch
ココア	**kokoa**	Kakao
ジュース	**jūs^{u}**	Saft
酒 / 日本酒	**sake, nihon-shu**	Sake, Reiswein

梅酒	**ume-shu**	Pflaumenwein
ぶどう酒　ワイン	**budō-shu/wain**	Wein
ウイスキー	**uis^{u}kii**	Whiskey

Heute sind für Wein auch diese Begriffe gebräuchlich: **wain** (Wein), **aka-wain** (Rotwein) **shiro-wain** (Weißwein).

ご飯	**gohan**	gekochter Reis (= Mahlzeit)
朝ごはん	**asa-gohan**	Frühstück
昼ごはん	**hiru-gohan**	Mittagessen
夕飯 / 晩ご飯	**yūhan / bangohan**	Abendessen
大食堂	**(dai-)shokudō**	(großes) Esslokal
お腹が空いた	**onaka ga suita**	Hunger haben
すきました	**sukimash^{i}ta**	ich habe Hunger
のどがかわきました	**nodo ga kawakimash^{i}ta**	ich habe Durst
おつまみ	**o-tsumami**	Appetithäppchen
肉なし	**niku-nashi**	ohne Fleisch
菜食主義	**saishoku-shugi**	vegetarisch
ビーガン	**bii-gan**	vegan
焼き	**yaki**	gebraten
ゆで	**yude**	gekocht
ナイフ	**naif^{u}**	Messer
フォーク	**fōk^{u}**	Gabel
スプーン	**s^{u}pūn**	Löffel
お箸	**o-háshi**	Stäbchen
おしぼり	**o-shibori**	feuchtes Handtuch
茶碗	**cha-wan**	Schale
お皿	**o-sara**	Teller

コップ / グラス	**kopp^{u}/g^{u}ras^{u}**	Glas
カップ	**kapp^{u}**	Tasse
お塩	**o-shio**	Salz
コショウ	**ko-shō**	Pfeffer
お砂糖	**o-satō**	Zucker

Gerichte

炒飯	**chāhan**	gebratener gemischter Reis
餃子	**gyōza**	mit Hackfleisch und Lauch gefüllte Teigtaschen
春巻き	**haru-maki**	Frühlingsrollen
麻婆豆腐	**mābō-dōfu**	Reis mit Hackfleischsoße und Tofu
肉 団子	**niku dango**	Hackfleischbällchen
シュウマイ	**shūmai**	Krabben-/Hackbällchen in Teighülle
海老のグラタン	**ebi no g^{u}ratan**	Nudelgratin mit Krabben
ハンバーグ スパゲッティ	**hambāgu supagetti**	Spaghetti mit Frikadelle
ハヤシライス	**hayashi rais^{u}**	gulaschartiges Gericht
カレーライス	**karē rais^{u}**	Curryreis
オムライス	**omu-rais^{u}**	Reisomelett m. Ketchup
親子丼	**oyako-don**	Reis mit Ei + Zwiebeln
ふぐ、うなぎ	**fugu, unagi**	Kugelfisch, Aal
かば焼	**kabayaki**	gegrillter Aal
釜飯	**kamameshi**	Reisgericht (Eisentopf)
山菜釜飯	**sansai kamameshi**	Reistopf mit Gemüse
懐石	**kaiseki**	traditionelle Haute-Cuisine

郷土料理	**Kyōdo-ryōri**	regionale Küche
鍋物	**nabemono**	Eintopfgerichte
石狩鍋	**ishikari-nabe**	Eintopf mit Lachs und Kartoffeln (Hokkaidō)
日本料理 / 和食	**Nihon-ryōri / washoku**	„japanisches Essen", gemischte Küche (*family restaurant* im Kaufhaus)
おでん	**o-den**	Fischkäse / Tofu / Kartoffeln in brauner Brühe
お好み焼き	**okonomiyaki**	Pfannkuchen, selbstgemacht
いか入り	**ika-iri**	mit Tintenfisch
ラーメン	**rāmen**	chinesische Weizennudeln in Suppe aus Soja **(shōyu)** oder Sojabohnenpaste **(miso)**
炉端焼き	**robatayaki**	Grillgerichte im Stil der Landgasthäuser **(izakaya)**
精進料理	**Shōjin-ryōri**	buddhistisch-vegetarische Haute-Cuisine
すき焼き／しゃぶしゃぶ	**sukiyaki/ shabu-shabu**	Rindfleischfondue (diverse Brühen/Zutaten)
鮨	**sushi**	Reishappen belegt mit rohem Fisch
刺身	**sashimi**	Scheiben von rohem Fisch
天ぷら	**tempura**	frittierte Krabbenschwänze / Weißfisch / Gemüse
鉄板焼き	**teppanyaki**	Herdplattengrill, z.B.:
普通	**futsū**	normal gegrillt
バター焼き	**batā-yaki**	gegrillt mit Butter
シェリー焼き	**sherii-yaki**	gegrillt mit Sherry
網焼き	**ami-yaki**	gegrillt mit Drahtgrill
豚カツ	**tonkatsu**	panierte Schweineschnitzel
串揚げ	**kushi-age**	ölgebackenes Fleisch

豚カツ定食	**tonkatsu teishoku**	Schnitzelmenü
メンチカツ	**menchi-katsu**	paniertes Hackfleisch
ヒレカツ丼	**hire katsudon**	Schnitzel auf Reis, mit Ei, Erbsen, Zwiebeln
焼き鳥／串焼き	**yakitori/ kushi-yaki**	gegrillte Hühner-/ Fleischspieße

Die japanische Nudel-Vielfalt ist legendär: Itadakimas[u]!

sakana to gyokairui: Fisch und Meeresfrüchte

鰻	**unagi**	Aal
牡蠣	**kaki**	Austern
タイ	**aodai**	Barsch
ヒラメ	**hirame**	Flunder
鰊	**nishin**	Hering
海老	**ebi**	Krabben
お(のり)	**(o-)nori**	Meerlattich
鮎	**ayu**	Bachforelle
鰹	**katsuo**	Bonito
イクラ	**ikura**	Lachseier
鯉	**koi**	Karpfen
カニ	**kani**	Krebs
サザエ	**sazae**	Kreiselmuschel
鮭	**sake/shake**	Lachs
さんま	**sanma**	Makrelenhecht
穴子 / はも	**anago / hamo**	Meeraal
鯛	**tai**	Meerbrasse
鰈	**karei**	Scholle
鮑	**awabi**	Seeohr
シシャモ	**shishamo**	Stint
イカ	**ika**	Tintenfisch
タコ	**tako**	Oktopus
ドジョウ	**dojō**	Schmerle
昆布	**kombu**	Seetang
ワカサギ	**wakasagi**	Teichstint
マグロ	**maguro**	Thunfisch
ハマグリ	**hamaguri**	Venusmuschel
白魚	**shira-uo**	Weißfisch

niku to tamago: Fleisch und Eier

豚肉	**buta-niku**	Schweinefleisch
牛肉	**gyū-niku**	Rindfleisch
鳥肉	**tori-niku**	Geflügelfleisch
卵	**tamago**	Ei
目玉焼	**medama-yaki**	Spiegelei(er)
ゆで卵	**yude tamago**	weichgekochtes Ei
炒り卵	**iri-tamago**	Rührei

yasai: Gemüse

茄子	**nasu**	Aubergine
ふき	**fuki**	Huflattich
しょうが	**shōga**	Ingwerwurzel
にんじん	**ninjin**	Karotte
かぼちゃ	**kabocha**	Kürbis
ねぎ	**negi**	Lauch
れんこん	**renkon**	Lotuswurzel
ピーマン	**piiman**	Paprika (klein)
大根	**daikon**	Rettich
椎茸	**shiitake**	Shiitake-Pilz (**-take** = Pilz)
さつま芋	**satsuma-imo**	Süßkartoffel
じゃがいも	**jagaimo**	Kartoffel
里芋	**sato-imo**	Taro
山芋	**yama-imo**	Yamswurzel (Bergkartoffel)
しそ	**shiso**	Perillablatt
玉ねぎ	**tama-negi**	Zwiebel

Einkaufen

Anders als in fast allen anderen Ländern Asiens kann man in Japan nicht handeln. Wie in China gibt es nur feste Preise, mit wenigen Ausnahmen: In Tokyos Stadtteil Akihabara, in dem es von Elektro- und Elektronikläden nur so wimmelt, ist Handeln im gewissen Umfang möglich, auch auf Märkten anlässlich von Tempelfesten.

In Touristenläden wird man einen Discount anbieten, da der Preis ohnehin höher angesetzt ist als in „normalen" Läden. Die Riesen-Kaufhäuser sind wahre Konsumpaläste, mit ausgesprochen zuvorkommendem Verkaufspersonal. Kaufhäuser und andere Geschäfte haben täglich geöffnet.

Ladenschluss ist gegen 20 Uhr, aber heute gibt es viele Supermärkte, die 24 Stunden geöffnet haben (**kombini,** *convenience store*), auch unzählige Automaten **(jidō-hanbaiki)** laden überall und jederzeit zum Konsum ein.

もっと安いの有りますか
motto yasui no ari-mas^{u} ka
mehr billig 2 geben ?
Haben Sie noch etwas Günstigeres?

これは少し高いです
kore wa s^{u}koshi takai des^{u}
dies 1 etwas teuer ist
Das ist etwas zu teuer.

ほうかの物(大きさ、色)を見せて下さい。
hōka no mono (ōki-sa, iro) o misete kudasai
andere 2 Sache (Größe, Farbe) 4 zeigen bitte
Zeigen Sie mir etwas anderes (andere Größe, Farbe).

し気に入らないです。
s^{u}koshi ki ni iranai des^{u}
etwas Gefühl 3 nicht-brauchen ist
Es gefällt mir nicht. (sehr höflich)

これを見せて下さい。
kore o misete kudasai
dies 4 zeigen bitte
Zeigen Sie mir bitte das da.

。。。はどこで買えますか。
... wa doko de kaemas^{u} ka
... 1 wo in kaufen-kann ?
Wo kann ich ... kaufen?

これは何で出来ていますか。
kore wa nan de dekite imas^{u} ka
dies 1 was mit gemacht ist ?
Woraus ist das gemacht?

英語の説明書は入っていますか。
eigo no setsumei-sho wa haitte imas^{u} ka
Englisch von Erklärung-Papier 1 hineingekommen ist ?
Ist eine englische Gebrauchsanweisung dabei?

これは免税ですか。
kore wa menzei des^{u} ka
dies 1 steuerfrei ist ?
Ist das steuerfrei? (z. B. Perlen, Uhren, Kameras)

これは海外へ送ってもらえますか。
kore wa kai-gai e okutte moraemas^{u} ka
dies (1) Meer-außen nach schickend empfangen-können ?
Können Sie mir das nach Übersee schicken?

Auf der Bank

Auf der Bank kommt man grundsätzlich mit Englisch zurecht. Wer Geld braucht, kann es mit Kreditkarte = **kurejitto kādo / kyashu-kādo** (*cash card*) am Geldautomat = **kyashu dispensā** (*cash dispenser*) abheben, am besten mit Visa, Masters und natürlich JCB.

両替はどこで出来ますか。
ryōgae wa doko de dekimas^{u} ka
Geldwechsel 1 wo in kann ?
Wo kann ich Geld wechseln?

両替のレートはいくらですか。
ryōgae no rēto wa ikura des^{u} ka
Geldwechsel 2 Kurs 1 wie-viel ist ?
Wie ist der Wechselkurs?

この一万円札をくずす事が出来ますか。
kono ichi-man en satsu o kuzus^{u} koto ga dekimas^{u} ka
diese 10.000 Yen Note 4 wechseln Sache 1 können ?
Können Sie mir diesen 10.000-Yen-Schein „klein“ machen?

私はドルを両替したい(の)です
watashi wa dor^{u} o ryōgae shi-tai (no) des^{u}
ich 1 Dollar wechseln möchte-gern ist
Ich möchte gern Dollar wechseln.

ユーロ	**yūro**	Euro
スイスフラン	**suis^{u} f^{u}ran**	Schweizer Franken
ドル	**dor^{u}**	Dollar
ポンド	**pondo**	Pfund

お金	**okane**	Geld
現金	**genkin**	Bargeld
札	**satsu**	Banknote
トラベラーズチェック	**toraberāz^u-chekk^u**	Reiseschecks
銀行(員)	**ginkō(-in)**	Bank(angestellte/r)
本店	**hon-ten**	Zentrale
支店	**shi-ten**	Zweigstelle
両替する	**ryōgae suru**	Geld wechseln
レート	**rēto**	Kurs
細かくする	**komakaku suru**	„klein“ machen
仕送りする	**shiokuri suru**	überweisen
レシート	**reshiito**	Quittung

Auf der Post

Kleine Postämter, erkennbar am roten T mit Doppelbalken, gibt es überall in den Städten. Man kann von dort auch Geldüberweisungen veranlassen. Briefmarken, Postkarten, Aerogramme sind aber auch in (Tabak-)Läden, die das erwähnte T zeigen, erhältlich.

近くの郵便局はどこですか。
chikaku no yūbinkyoku wa doko des^u ka
nächstes von Post-Amt 1 wo ist ?
Wo ist das nächste Postamt?

百円の切手を五枚下さい。
hyaku en no kitte o go-mai kudasai
100 Yen von Briefmarken 4 fünf-Stück bitte
Bitte fünf 100-Yen-Briefmarken.

料金はいくらですか。
ryō-kin wa ikura des^u ka
Gebühr 1 wie-viel ist ?
Wie hoch ist die Gebühr?

この手紙を速達でお願いします。
kono te-gami o sok^u-tatsu de o-negai shimas^u
diesen Brief 4 Express mit wünsche mache
Diesen Brief bitte per Express schicken.

この小包は船便でドイツ迄いくらですか。
kono kozutsumi wa funa-bin de doitsu made ikura des^u ka
dies Päckchen 1 See-Post mit Deutschl. bis wie-viel ist ?
Wie teuer ist dieses Päckchen per Seepost nach Deutschland?

いつ着きますか。
itsu tsuki-mas^u ka
wann ankommt ?
Wann kommt es an?

船便	**funa-bin**	Seepost
航空便	**kōkū-bin**	Luftpost
オーストーリア	**osutoria**	Österreich
スイス	**suisu**	Schweiz
絵葉書	**ehagaki**	Ansichtskarte
手紙	**tegami**	Brief
切手	**kitte**	Briefmarke
料金	**ryō-kin**	Gebühr
小包	**kozutsumi**	Paket
中味	**nakami**	Inhalt
書き留め	**kakitome**	eingeschrieben

速達	**soku-tatsu**	Express
(中央) 郵便局	**(chūō-)yūbin-kyoku**	(Haupt-)Postamt
局留め	**kyoku dome**	postlagernd
送る 送ります、送って	**okuru** **(okurimasu, okutte)**	schicken
打つ,打ちます、打って	**utsu** **(uchimasu, utte)**	aufgeben
着く	**tsuku**	ankommen
着きました、着いた	**tsukimash^i^ta, tsuita**	angekommen

Telefonieren

Wenn man sich am Telefon meldet, sagt man erst einmal: **moshi-moshi** (Name) **de gozai-mas^u^.**

Öffentliche Telefone sind auch in Japan seltener geworden, aber in und um Bahnhöfe gibt es sie in der Regel noch, mehr als bei uns. Für die Nummern 110 (Polizei) und 119 (Feuerwehr/Krankenwagen) muss man nur den roten Notfallknopf drücken. In öffentlichen Verkehrsmitteln gilt der マナーモード **manā mōdo** („manner mode"): Handys müssen auf stumm geschaltet werden, Musik und Videos nur per Kopfhörer, und wenn ein Telefonat notwendig ist: ganz leise und hinter vorgehaltener Hand!

もしもしマーチンですけれども
moshi-moshi, Martin des^u^ keredomo
hallo, Martin ist aber
Hallo, hier spricht Martin.

内山先生はいらしゃいますか
Uchiyama sensei wa irasshai-mas^{u} ka
Uchiyama Lehrer 1 da-ist ?
Ist Professor Uchiyama zu sprechen?

いいえ　ただ今出かけております
iie, tadaima dekakete ori-mas^{u}
nein, jetzt ausgegangen ist
Nein, er ist gerade außer Haus.

いつ頃おかえりになりますか
itsu goro o-kaeri ni narimas^{u} ka
wann etwa zurückkehren 3 wird ?
Wann etwa wird er zurückkehren?

夕方六時ごろ戻ると思います
yūgata roku-ji goro modoru to omoi-mas^{u}
Spätnachmittag 6-Uhr etwa zurückkommen so denke
Ich denke, er wird gegen 18 Uhr zurückkommen.

おかえりになりましたら電話をお願いします
o-kaeri ni nari-mashitara denwa o o-negai shi-mas^{u}
zurückkommen 3 wurde-wenn Telefon 4 wünsche mache
Wenn er zurückkommt, möchte er bitte zurückrufen.

はいかしこまりました
hai, kash^{i}komari-mash^{i}ta
ja einverstanden
Ja, selbstverständlich.

失礼します
shitsurei shi-mas^{u}
unhöflich mache
Auf Wiederhören.

携帯	**keitai**	Handy
スマホ	**s[u]maho**	Smartphone
携帯番号	**keitai-bango**	Handynummer
電子メール	**denshi-mēru**	E-Mail

Einen ganz besonderen Service für Touristen haben sich die Japaner einfallen lassen. Unter folgender Telefonnummer der JNTO (Japan National Tourist Organization) kann man sich rund um die Uhr auf Englisch Rat holen: 050-3816-2787, vom Ausland mit Vorwahl: 0081-50-3816-2787.

Geschäftlich unterwegs

Wer geschäftlich unterwegs ist, wird dies nicht ohne gründliche Vorbereitung tun. Verhandlungen werden wohl meist auf Englisch oder unter Mitwirkung von Dolmetschern geführt werden. Der geschäftliche Erfolg beruht im wesentlichen aber auch auf einem guten zwischenmenschlichen Kontakt. Dabei werden Sprachkenntnisse auf jeden Fall nützlich sein. Hier also einige Begriffe zum Thema Business. Angesichts der Bedeutung des Englischen im internationalen Wirtschaftsleben entstammen viele Begriffe aus dieser Sprache, aber nicht alle, und manchmal sind sie durch Abkürzung völlig verändert.

Tipp:
Wenn Ihnen mal ein Begriff nicht einfällt, hilft es, den passenden englischen Begriff mit Katakana-Aussprache zu verwenden – sehr oft liegen Sie damit richtig.

アルバイト	**ar^{u}baito**	Teilzeitarbeit
ビジネス	**bijines^{u}**	Business, Geschäft
ビジネスマン / サラリーマン	**bijines^{u}man / sarariman**	Geschäftsmann
部長	**buchō**	Direktor, Manager
ブランド	**b^{u}rando**	Markenname
ハンコ	**hanko**	persönlicher Stempel (= Unterschrift)
印鑑	**inkan**	offizieller Stempel
実業	**jitsugyō**	Unternehmen
実業家	**jitsugyōka**	Unternehmer
会議	**kaigi**	Meeting, Konferenz
会社	**kaisha**	Firma (z. B. **seni-gaisha** Textilfirma)
顔を立てる	**kao o tateru**	Gesicht wahren
顔をつぶす	**kao o tsubus^{u}**	Gesicht verlieren

chotto kangaete mi-mashō oder **kangaesasete kudasai**
Lassen Sie uns etwas darüber nachdenken.
(= japanisches Nein, z. B. unter Geschäftsleuten)

経済	**keizai**	Wirtschaft
経済的	**keizaiteki**	wirtschaftlich
コネ	**kone**	gute Beziehungen
工場	**kōjō**	Fabrik
休暇	**kyūka**	Urlaub
名称	**meishi**	Visitenkarte
ペーパーカンパニー	**pēpa-kampanii**	Scheinfirma
社長	**sha-chō**	Firmenchef
仕事	**shigoto**	Arbeit

資本	**shihon**	Kapital
市場	**shijō**	Markt
市場の視察	**shijō no shisatsu**	Marktbeobachtung
信用	**shinyō**	Vertrauen
信用調査	**shinyō-chōsa**	Bonitätserkundigung
商業	**shōgyō**	Handel
商品	**shōhin**	Waren
出荷	**shukka**	Versand, Verschiffung
有効な	**yūkō-na**	gültig, wirksam

Krank sein

Viele der medizinischen Fachbegriffe stammen übrigens aus dem Deutschen und werden noch heute benutzt, z. B. カルテ **ka-r^u^te** („Karte" = Patientenakte) oder レントゲン **rentogen** (Röntgen). Trotzdem hier die wichtigsten Ausdrücke auf Japanisch.

どこが良い(歯)医者を教えて下さい。
doko ka yoi (ha-)isha o oshiete kudasai
wo ? guter (Zahn-)Arzt 4 lehren bitte
Bitte nennen Sie mir einen guten (Zahn-)Arzt.

医者／救急車を呼んで下さい。
isha/kyūkyū-sha o yonde kudasai
Arzt/Krankenwagen 4 rufen bitte
Rufen Sie bitte einen Arzt/Krankenwagen!

私は病気です。
watashi wa byōki des^u^
ich 1 krank bin
Ich bin krank.

助けて。
tas^u^kete
retten
Hilfe!

手伝って下さい。
tetsudatte kudasai
helfen bitte
Helfen Sie (mir) bitte!

気分が悪いです。
kibun ga warui des^u^
Gefühl 1 unwohl ist
Mir ist schlecht.

気持ちが悪くなりました。
kimochi ga waruku narimash^i^ta
Gefühl 1 schlecht wurde
Ich fühle mich nicht gut.

良い病院はどこに有りますか。
yoi byō-in wa doko ni ari-mas^u^ ka
gut Krankenhaus 1 wo in gibt-es ?
Wo gibt es ein gutes Krankenhaus?

私に薬を買って来て下さい。
watashi ni kusuri o katte-kite kudasai
ich 3 Arznei 4 kaufen-kommen bitte
Kaufen Sie mir bitte Arznei.

私は怪我しました。
watashi wa kega shimash^i^ta
ich 1 verletzt gemacht
Ich habe mich verletzt.

ここが痛い。
koko ga itai
hier 1 schmerzen
Hier tut's weh!

私の保険の為に診断書。。。
watashi no hoken no tame ni shindan-sho
ich 2 Versicherung Part. 2 für 3 Diagnose-Papier
Für meine Versicherung brauche ich eine Diagnosebescheinigung ...

。。。治療の領収書が入ります。

to chiryō no ryō-shū-sho ga iri-mas^{u}

und Behandlung 2 Quittung 1 brauchen

... und eine Quittung über die Behandlungskosten.

健康	**kenkō**	Gesundheit
健康な	**kenkō-na**	gesund
治療	**chiryō**	Behandlung
治療する	**chiryō suru**	behandeln
痛む　痛みます	**itamu, itai (itami-mas^{u})**	schmerzen, wehtun
手伝う　手伝います　手伝って	**tetsudau (tetsudai-mas^{u}, tetsudatte)**	helfen
助ける　助けます　助けて	**tas^{u}keru (tasuke-mas^{u}, tasukete)**	retten
怪我	**kega**	Verletzung
怪我する	**kega suru**	sich verletzen
感染	**kansen**	Ansteckung
感染する	**kansen suru**	sich anstecken
風邪をひく	**kaze o hiku**	sich erkälten
熱	**netsu**	Fieber
下痢	**geri**	Durchfall
骨折	**kossets^{u}**	Knochenbruch
注射	**chūsha**	Injektion

karada no bubun – Körperteile		
足	**ashi**	Bein / Fuß
頭	**atama**	Kopf
心臓	**shinzō**	Herz
腸	**chō**	Darm
歯	**ha**	Zahn
肺	**hai**	Lunge
鼻	**hana**	Nase
膝	**hiza**	Knie / Schoß
骨	**hone**	Knochen
胃	**i**	Magen
腎臓	**jinzō**	Niere
髪	**kami**	Haar
肝臓	**kanzō**	Leber
肩	**kata**	Schulter
口	**kuchi**	Mund
目	**me**	Auge(n)
耳	**mimi**	Ohr(en)
胸	**mune**	Brust
脳	**nō**	Gehirn
喉	**nodo**	Kehle / Hals
おなか	**onaka**	Bauch
背中	**senaka**	Rücken
神経	**shinkei**	Nerven
舌	**sh^{i}ta**	Zunge
手	**te**	Hand
腕	**ude**	Arm

Fotografieren

Japaner sind bekannt für ihre Lust am Fotografieren, es ist deshalb auch einfach, die Erlaubnis für ein Foto zu bekommen. Hier ein paar passende Sätze dazu:

写真とってもいい／よろしいですか。
shashin o totte mo ii/yoroshii des^{u} ka
Foto 4 gezogen auch gut ist ?
Darf ich ein Foto machen?

カメラのシャッタを押して下さい。
kamera no shattā o osh^{i}te kudasai
Kamera 2 Auslöser 4 drückend bitte
Bitte machen Sie ein Bild von uns mit meiner Kamera.

このスマホで写真とっていただけますか
kono sumaho de shashin totte itadakemas^{u} ka
Dieses Smartphone mit Bild machen können ?
Können Sie ein Bild von uns mit meinem Smartphone machen?

写真をとる(わ)よ。
shashin o toru (wa) yo
Foto 4 ziehen (Part.weiblich) Part.
Ich mache jetzt ein Foto.

Wörterbuch

Wörterbuch

Die beiden Listen enthalten jeweils über 1000 Stichwörter, eine solide Grundlage für den Anfang, was natürlich nicht bedeutet, dass Sie darin alle Wörter finden, die Sie vielleicht suchen; andererseits wird Ihnen manches überflüssig erscheinen. Aber so ist das eben mit knappen Wörterlisten wie diesen. Vermissen Sie ein Wort, können Sie sich wie eingangs bereits erwähnt recht häufig im Japanischen dadurch weiterhelfen, dass Sie anstelle des Ihnen unbekannten japanischen Wortes das entsprechende englische benutzen, natürlich mit **Katakana-**Aussprache.

Viele der Errungenschaften der westlichen Zivilisation haben ihren Niederschlag in meist englischen Begriffen (Japlish) gefunden, aber auch aus dem Portugiesischen (aus der Zeit der anfänglich erfolgreichen Missionsversuche und den mittelalterlichen Handelsbeziehungen), dem Französischen und dem Deutschen. Die Bergsteiger sagen für Seil = **zairu;** Haken = **hāken;** Hammer = **hammā;** Gelände = **gerende.** Vergessen Sie dabei nie, diese Wörter

wie Japaner auszusprechen, also so, als würden Sie sie nach dem **Katakana-** System schreiben und natürlich sprechen.

Denken Sie auch an die Ausspracheregeln, besonders, was das stumme **u** nach **s** und zwischen stimmlosen Konsonanten betrifft.

In der Wörterliste haben wir auf die Kennzeichnung der stummen **u** und **i** verzichtet.

Die Adjektive der zweiten Gruppe werden durch ein nachgestelltes **(na)** gekennzeichnet (siehe Kapitel „Adjektive").

Noch eine Bemerkung zu meiner Schreibweise: Ich habe häufiger Bindestriche gesetzt als in Wörterbüchern üblich.

Ich will damit die Struktur bzw. Gemeinsamkeiten aufzeigen, gesprochen werden die Wörter natürlich, als wären sie zusammengeschrieben: **tabe-mas**^{u} wie **tabemas**^{u} usw. Oft sehen Sie gleich geschriebene Wörter mit unterschiedlicher Bedeutung. Wie anfangs erwähnt, sind diese auch mit unterschiedlichen Schriftzeichen geschrieben, in der **rōma-ji-**Form sieht man aber den Unterschied nicht.

Deutsch – Japanisch

A

Aal unagi
ab und zu toki-doki
abbiegen magaru,1
Abend ban; yoru
Abendessen yū-han; yū-shoku; ban-gohan
Abendrot yūyake
aber keredomo; datte; de mo; shikashi; tokoro-ga
abfahren (Zug) hassha suru
Abfahrt shuppatsu
Abfall gomi
Abkürzung chika-michi
abreisen tatsu,1
abscheulich iya
Abteilungschef bu-chō
abwesend sein rusu ni suru
Adresse jūsho
älterer Bruder ani; onii-san
ältere Schwester ane; o-nē-san
ärgern, sich okoru,1
äußerst kiwamete
Affe saru
Ahorn momiji
AIDS eizu; ēzu
Aktivität katsudō
alle mina
allein hitori
alles zembu
allmählich dandan to
alt furui
alt (Mensch) toshi-yori
Ameise ari
Amerikaner amerika-jin
Amt kyoku; jimusho
Andenken kinen
andere(r,s) hoka no
anders sein chigau,1
Anfang saisho
anfangen hajimaru,1
Angebot teikyō
Angelegenheit koto
angeln tsuri
Angst shimpai; fuan
ankommen todoku,1; tsuku,1
annehmen chōdai suru; itadaku,1
Ansichtskarte e-hagaki
anstrengen, sich gambaru
antik kottō (na)
Antiquität kottōhin
Antrag mōshikomi
Antwort henji
antworten henji o suru; kotaeru,2
anvertrauen azukeru,2
Apfel ringo
Apotheke kusuri-ya
Appetit shokuyoku
Arbeit shigoto
arbeiten hataraku,1
Arm mazushii
Armee gun (tai)
Armut (arm) hinkon
Art shurui
Arzt isha
Aschenbecher hai-zara
Asien Ajia
Atlantik taiseiyō
Aubergine nasu
auch mo; yahari
Aufenthalt taizai
aufgeben akirameru

aufhören yameru,2
aufpassen chūi suru
aufstehen tatsu; okiru
Auge me
Augenblick toki
Ausgang de-guchi
ausgeben dasu,1
ausgehen dekakeru,2
ausgezeichnet rippa na
Auskunft annai (jo)
Ausland gai-koku
Ausländer gaijin
ausleihen kariru,2
ausruhen yasumu,1
Aussicht nagame; keshiki
Aussprache hatsu-on
aussprechen hatsu-on suru
aussteigen oriru,2
ausstellen miseru,2
Ausstellung tenji-kai; tenran-kai
aussuchen erabu
Auto kuruma; jidōsha
automatisch jidō
außen soto

B

Baby aka-chan; akambō
Bad, öffentl. sentō; furo(o-)
baden furo ni hairu
Bär kuma
Bahnhof eki
Bahnhofs-Lunchbox eki-ben(tō)
bald mamo-naku; mō
bald mō
Bambus take
Bambusflöte shakuhachi
Bank ginkō
Banknote satsu
Bargeld genkin
Batterie denchi
Bauch o-naka
Bauch aufschlitzen seppuku; hara-kiri
Bauer hyaku-shō
Beamter yakunin
Bedauern kōkai
bedauernswert kawai-sō
Bedeutung wake; imi
Bedienung uētā-san; uētoresu-san
Bedingung jōken
Beefsteak bifuteki
beeilen isogu,1
beenden owaraseru
befestigen tsukeru,2
befördern hakobu,1; okuru
beginnen hajimeru,2
behandeln atsukau; shiryō suru (med.)
beide ryō-hō(no)
Bein ashi
bekommen morau,1
beliebt ninki
benachrichtigen dengon suru
benötigen iru,1
Benzin gasorin
bequem raku
Berg yama; -san
Bergpass tōge
Bergsattel tōge
Bergsteigen tozan
Bergsteiger tozan-sha
berichten todokeru,2
Beruf shokugyō
Besichtigung kembutsu
besonders toku ni
bestellen chūmon suru
Bestellung chūmon
bestimmt kitto

besuchen (höflich) ukagau,1
Betragen gyōgi
betreten hairu,1
betrügen damasu,1
Bett tako (Futon); (Jugendherberge) betto
Bettzeug futon
Beutel fukuro
Bevölkerung jinkō
bevorzugen yūsen suru
bewegen ugoku,1
Bewegung ugoki; undō
Beweis shōmei
beweisen shōmei suru
bewundern homeru,2
bezahlen harau,1
Beziehung kankei
Bezirksamt kuyakusho
bezweifeln gimon o motsu
Bienenhonig hachi-mitsu
Bier biiru
billig yasui
Birne nashi
bis made
bisschen chotto
bitte dōzō
bitten negau,1
bitten um tanomu
bitter nigai
Blatt ha(ppa)
blau aoi
blauer Himmel ao-zora
bleiben iru,2
Bleistift empitsu
Blitzlicht furasshu (-raito)
bloß bakari; dake
Blume hana
Blumensteckkunst ike-bana
Bluse burausu
Blut chi
böse warui
Bohnen mame
Bohnensprossen moyashi
Brandung nami
Brauch shūkan
brauchen iru,1
braun cha-iro(no)
Braut yome
brechen kowasu,1
breit hiroi
brennen moeru,2; yakeru,2
Brief te-gami
Briefmarke kitte
Brille me-gane
Brot pan
Brücke hashi
Brust mune
Buch(laden) hon(-ya)
Buddhismus buk-kyō
buddhistisher Mönch o-bōsan; bōzu
Bücherei toshokan
Bücherregal hon-dana
Büffet baikingu
Büro kyoku; jimusho
Bus basu
Butter batā

C

Café (jap.) kissa-ten
Charakter seikaku
China chū-goku
Cousin/e itoko
Curry(-Reis) karē(-raisu)

D

Dach yane
danach sore-kara
Dank arigatō
dann sore-kara; de wa; soshite
Darm chō
das are; ano; sore
Datum hizuke
dauern kakaru,1
dein anata no
Demokratie demokurashii; minshushugi
Demonstration demo
denken omou,1; kangaeru,2
deponieren azukeru,2
deshalb da-kara
deutsche Sprache doitsu-go
Deutscher doitsu-jin
Deutschland doitsu
Diagnose shindan
dicht chikai
dick futoi; atsui
Dieb dorobō
dies kore
diese(r, s) kono
Ding mono
Doktor sensei
Dollar dōru
Dolmetscher tsūyaku
Donner kaminari
doppelt bai; daburu
Doppelzimmer futari-beya
Dorf mura; sato
dort asoko; soko
dorthin achira; sochira
Dose kan
Dosenöffner kan-kiri
Dreirad sanrinsha
dringend kyū (ni)
drüben mukō
du anata
dünn hosoi
dumm baka na
dunkel kurai
Dunst kasumi
Durcheinander gocha-gocha
Durchfall geri
durchhalten gambaru
Durst haben nodo ga; kawaita
Dusche shawā

E

Ebene nohara
ebenso yahari
echt hon-mono
Ecke kado
Ehefrau oku-san
Ehefrau oku-sama (höflich); kanai; tsuma (eigene)
Ehemann shujin(o-); otto
Ehepaar fufu
ehrlich tadashii; shōjiki (na)
Ei tamago
eigenartig kimyō/okashi na
Eilzug junkyū
ein wenig shōshō
Eindruck inshō
einfach kantan na; katamichi (Zug)
Einfluss eikyō
Eingang iri-guchi
Einkauf kai-mono
einladen shōtai suru
Einladung shōtai
einmal ichido
einpacken (Geschenk) tsutsumu,1;

einpacken (Gepäck) mizukuri suru
einsam sabishii
einsteigen noru
Eintopf nabe; shichū
Einwanderamt imin-kyoku
Einzelzimmer ko-shitsu
Eis kōri
Eiscreme aisukurimu
Eisen tetsu
Eisenbahn tetsu-dō
elektrisch denki-no
Elektrizität denki
Eltern ryōshin(go-); oya
E-Mail denshi-mēru
empfangen chōdai suru
Ende saigo (no)
enden owaru,1
endlich saigo ni
Energie enerugii
England igirisu; ei-koku
englisch ei-go
entfernen hanareru,2
entscheiden kimeru,2
Entschuldigung gomen; mōshi-wake; sumimasen
Entwicklung hattatsu; genzō (Film-)
Erbsen mame
Erdbeben jishin
Erde chikyū; tochi
Ereignis jiken
Ergebnis kekka
erinnern, sich omoidasu,1; oboeru,2
erkälten, sich kaze o hiku
erklären setsumei suru
Erklärung setsumei
erkundigen chōsa suru
erlauben yurusu,1
Erlaubnis kyoka
erleichtert sein anshin suru
Erleuchtung satori
Ermäßigung waribiki
ernst daiji na
Eröffnung kaijo
erscheinen deru,2
Ersparnisse chokin
erstaunt odoroku; bikkuri suru
erste Klasse it-tō
erstens dai-ichi ni
erstmals hajimete
Erwachsener otona
Erwartung kitai
erzählen hanasu,1
Erziehung kyōiku
es gibt(-nicht) aru,1, (nai)
Essen ryōri
Essen, gekocht ni-mono
essen taberu,2; agaru,1; itadaku,1
Essenslieferung demae
etwa bakari; yaku; hodo; goro
etwas sukoshi
Euro yūro
Export yushutsu
Expresszug kyūkō
extrem mattau
Essstäbchen (o-)hashi

F

Fabrik kōjō
-fach -bai
Fächer sensu;
Fächer (Rund-) uchiwa
Faden himo; ito
Fahne hata
fahren (im Fahrzeug +) iku,1; hashiru,1
fahren (selbst) unten suru

Fahrkarte kippu
Fahrkarte (einfach) katamichi-kippu
Fahrplan jikan-hyō
Fahrrad ji-ten-sha
Fahrstuhl erebētā
Fall ba'ai
fallen ochiru
fallen (Regen) furu,1
falls moshi
falsch sein chigau,1
Farbe iro
fast yaku; hotondo
Fehler chigai
Feld nohara; hatake
Felsen iwa
Fenster mado
Ferien kyūka
Ferner Osten kyokutō
Fernseher terebi
fett abura
Feuer hi; kaji
Feuerwerk hana-bi
Fieber netsu
Filiale shi-ten
Film (Farb-) karā-fuirumu
Film (Kino-) eiga
Finanzen keizai
finden mitsukeru,2
Finger yubi
Firma kaisha
Fisch sakana, -uo
Flasche bin
Fleisch niku
Fliege hae
fliegen tobu,1
fließen nagareru,2
Flughafen kūkō
Flugzeug hikōki
Fluss kawa
Forschung kenkyū
Foto shashin
Fotoabzug yakitsuke
Fotoapparat kamera
Fotoapparat, digital denshi-kame
fotografieren shashin o toru
Frage shitsumon; gimon
fragen (höfl.) ukagau,1
Fragepartikel ka
Frankreich furansu
französisch furansu-go
Frau josei; fujin; onna
frei (sein) aite (iru)
Freiheit jiyū
Freizeit yasumi; hima
freuen, sich yorokobu
Freundlichkeit shinsetsu
Frieden heiwa
Friedhof bochi
frisch shinsen (na)
Frisör tokoya
fröhlich hade na
froh ureshii
früh hayai
Frühling haru
Frühstück asa-gohan; chō-shoku
führen annai suru
Fuji(yama) Fuji-san
Fuß ashi

G

Gabel fōku
Galerie gyarerii; bijutsukan
Gangster (organisiert) yakuza
ganz zembu
Garten niwa
Gas gasu
Gast kyaku

Gebäude tate-mono; biru
geben agaru,2; yaru,1
geben, höfl. kudasaru,1
Gebirgszug sammyaku
geboren werden umareru,2
Gebrauchsanweisung setsumei-shō
Gebrauchtware chūko-hin
Gebühr ryō-kin
Geburtstag tanjōbi
Gedanke kangae
Gedicht shi
gefährlich kiken (na); abunai
Gefährte nakama
Gefahr kiken
Gefallen sewa (o)
Gefühl kibun; ninjō
gegen hantai; -tai
Gegend chihō; chitai
Gegenteil gyaku
gegenteilig hantai
gegenüber mukai
Gegenwart gendai; genzai
gehen iku,1
Geist seishin; yūrei (Gespenst)
geizig kechi (na)
gelb ki-iroi
Geld kane
Geld wechseln ryo-gae
Gelegenheit ba'ai; setsu
Gemälde e
gemeinsam issho ni
Gemüse yasai
genau chōdo; seikaku (na)
genug jūbun na; yoku
Geographie chiri
Gepäck nimotsu
geradeaus massugu
Geräusch oto
geschehen okoru,1
Geschenk o-kuri-mono
Geschichte rekishi; hanashi
Geschichten erzählen hanashi o suru
Geschichten, lustige rakugo
geschickt jōzu na
Geschmack aji; shumi
Geschwister kyōdai
Gesellschaft shakai
Gesetz hōritsu
Gesicht kao
Gespräch sōdan; hanashi
Gestalt katachi
gestern kinō
gesund genki na; kenkō na
Gesundheit kenkō
Getränk nomi-mono
Getreide mugi
gewöhnlich taitei; futsū
gewürzt (scharf) karai
Gipfel chōjō; mine
Glas garasu
Glaube shūkyo
glauben omou,1; shinjiru
Glaubwürdigkeit shinyō
Globus chikyū
Glocke kane
Glück kōfuku; shiawase
glücklich kōfuku-na
Glühbirne denkyū
Glutamat aji-no-moto
Gold kin
Gott kami (-sama)
Grad dan
Grammatik bumpō
Gras kusa
grau nezumi-iro; gurē
grausam hidoi; zankoku
Größe ōki-sa
groß ōkii; dai-

Großvater ojii-san
grün midori
gründlich yoku; tettei-teki
Grund riyū
Gruß aisatsu
gültig yūko (na)
günstig benri (na)
Gurken kyūri
gut umai; yoku; yoi; ii

H

Haar kami
Hälfte han-bun
Händler shōnin
Hafen minato
halb- han-
Halbinsel hantō
halbgar namayake (na)
hallo moshi-moshi (Tel.)
Hals nodo; kubi
halten tamotsu
Haltestelle noriba
Hand te
Handel bōeki
handgearbeitet te-sei
handgemalt te-gaki
Handlung katsudō; im (Theater)
Handtuch taoru; te-nugui
Handy keitai
Harfe koto
hart katai
Hase usagi
Hauptstadt shuto
Haus ie; uchi
Hausnummer banchi
Hauskimono yukata
Haut hifu; kawa
Heimat(stadt) furusato
Heirat kekkon
heiraten kekkon suru
heiß atsui
helfen tasukeru,2; tetsudau,1
hell akarui
Hemd (wai-)shatsu
herauskommen deru,2
Herbst aki
herunterfahren/-gehen kudaru,1; oriru; ta
Herz kokoro; shin-zō
heute kyō
heute Abend komban
hier kochira; koko
hier und da hobō
hier und dort(hin) achi-kochi
Hilfe sewa (o) tasuke
Himmel sora
Hin- und Rückfahrt ōfuku
hinausgehen dekakeru,2
hinten ushiro
hinter ato de
hinweisen sasu,1
Hobby shumi
hoch takai
Höhe takasa; take
Höhepunkt chōten
hoffen kibō suru
Holzsandalen geta
Holzschnitt moku-hanga
Hose zubon
Hotel hoteru
hübsch utsukushii; kirei
Hügel oka; saka
Hütte koya
Hummer ebi
Hund inu
Hurra! banzai
Hut bōshi

I

ich (weibl.) ata(ku)shi
ihr (bes.) anata no
ihr (pers.) anata-tachi
im Allgemeinen daitai ni
immer itsumo
Import yunyū
Industrie kōgyō; sangyō
Information shirase; annai
Inhalt nakami
innen naka
Insekt mushi
Insel shima
Inseln shima-jima
insgesamt minna
Interesse kyōmi
international kokusai (na)
irgendein(e) nandemo
irgendetwas nanika
irgendwie nandaka

J

ja hai; ē
Jacke uwagi
Jahreszeit kisetsu
Jahrhundert seiki
Japan nippon; hihon
Japaner(in) nihon-jin
japanisch nihon-go; wa-
japanische Zither koto
Japanpapier washi
jede(r/s) kaku; mai-
jedoch keredomo
jemand dareka
jene(r/s) sono
jenes ano
jetzt tadaima; ima
jüngerer Bruder otōto
jüngere Schwester imōto
Jugend(liche/r) seinen
Jugendherberge (IYH) kokusai yusu-hosuteru
jung wakai
Junge otoko no ko; bot-chan

K

Kabarett kyabarē
Kabine kyabin
Käfer mushi
Käse chiizu
Kaffee kōhii
Kai hatoba; futō
Kaiser tennō
Kakerlake abura-mushi; gokiburi
kalt samui (Wetter); tsumetai (Wasser)
Kamerad(in) nakama
Kartoffel imo; jagaimo
Kater (Kopfweh) futsuka-yoi
Katze neko
Käufer kaimono-kyaku
kaufen kau,1
Kaufhaus depāto
Kellner uētā; uētoresu
Keramik yaki-mono
Kiefer matsu
Kimonogürtel obi
Kind kodomo
Kindergarten yōchi-en
Kino eiga-kan
Kinofilm eiga
Kirche kyōkai
Kissen makura
Klang on; oto

Klebstoff nori
Kleid yōfuku
Kleidung kimono; fuku
klein chiisai
Klima kikō
Klimaanlage (air condition) ea-kon
Klingel beru
Klippe gake
Knie hiza
Knoblauch ninniku
Knochen hone
Knopf botan
kochen ryōri suru
können dekiru,2
Körper karada
Kohl kyabetsu
kommen kuru,1
Kommunismus kyōsanshugi
kompliziert fukuzatsu na
Konferenz kaigi
Konfuzianismus jukyō
Konsulat ryōji-kan
Kontakt aufnehmen renraku suru
Konversation kaiwa
Konzert on-gakkai; konsāto
Kopf atama
kosten kakaru,1
kostenlos muryō (na)
Kotelett katsuretsu
Krabbe ebi
Kraft chikara
krank byō-ki
Krankenhaus byō-in
Krankenwagen kyūkyūsha
Kranker byō-nin
Kraut kusa
Krebs kani; (Krankheit) gan
Kreis en
Kreuzung kōsaten
Krieg sensō
Krieger bushi
Kuchen kēki; kashi
Küche dai-dokoro
Küchenchef kokku (Chef); itamae (jap.)
kühl suzushii
Künstler geijutsu-ka
kürzlich chika-goro (na)
Küste kaigan
Kugel tama
Kugelschreiber bōrupen
Kuh ushi
Kultur bunka
Kunst bijutsu; geijutsu
Kunsthandwerk mingei-hin
Kurs (Wechsel-) rēto
kurz hikui; mijikai

L

LKW torakku
lachen warau,1
Lack urushi
Lackarbeiten shikki
Laden mise
ländl. Umgebung inaka
Länge nagasa
Land kuni; tochi; -koku
Landkarte chizu
Landschaft keshiki
Landwirtschaft nōgyō
lang (räumlich) nagai
langsam yukkuri
langweilig tsumaranai
Laubfärbung kōyō
laufen hashiru,1
laut ōkiku oto o suru; urusai
leben sumu,1
Leben inochi; seikatsu

Leber kan-zō
lebhaft katsudō-teki nigiyaka (na)
lecker oishii
Leder kawa
leer aita; kara (no)
legen oku
lehren oshieru,2
Lehrer sensei; kyōshi
leicht (Gewicht) karui
lernen manabu; narau,1
lesen yomu,1
letzte(r/s) saigo
Licht hi; hikari;denki (elektr.)
Liebe(n) ai (suru)
Liebling koi-bito; **(Lieblings-)** suki na
Lied uta
linke Seite hidari-gawa
links hidari
Literatur bun-gaku
loben homeru,2
Loch ana
Löffel supūn
Lotus hasu
Lüge uso
lügen uso o tsuku
Luft kūki
Luftpost hikō-bin
Lunge hai
lustig yukai na
Luxus zeitaku

M

Mädchen onna no ko
männlich dansei(-teki)
Magen i
Mahlzeit shokuji
Makrele saba
Mal -bai
manchmal tama-ni
Mandarine mikan
Mann otoko
Markt ichiba
Maske men
Massage massāji
Material zairyō; kiji
Maus nezumi
Medikament kusuri
Meer umi
mehr motto
Mehrfahrtenkarte kaisū-ken
Meinung iken
Meister sensei
Mensch hito
Messer naifu
Meter mētoru
Metropole shufu; chūshin-chi
Milch (Kuh-) gyū-nyū
mild yawarakai
Minute fun
Mitbringsel o-miage
(mit) fahren (issho ni) noru
Mittag hiru
Mittagessen hiru gohan; chū-shoku
Mitte man-naka
Missverständnis gokai
Möbel kagu
mögen suki desu
Möglichkeit kanōsei
Moment bitte! chotto
Monat getsu; gatsu; tsuki
Mond tsuki
morgen asu; ashita
Morgen asa
Moskito ka
Moskitonetz ka-ya
Motorrad ōtobai
Mühe sewa (o)
Mund kuchi

Muschel kai
Museum hakubutsukan
Musik on-gaku
Muster mihon
Mutter o-kā-san; haha (eigene)

N

Nachbar tonari
Nachmittag go-go
Nachricht dengon
Nachspeise dezāto
Nacht yoru
Nadel hari
nächste(r/s) tsugi no
nähen nuu,1
nämlich tsumari
nahe chikai
Name namae (o-)
Namensstempel hanko
Nase hana
Nasenbluten hana-ji
National- kokuritsu-
Nationalhymne (jap.) kimigayo
natürlich mochiron; shizen-ni
Natur shizen
nass werden nureru,2
Nebel kasumi; kiri
nehmen toru,1; chōdai suru; morau,1
nein iie
Nerven shin-kei
nett ii; shinsetu (na)
nettes Kind ii-ko
neu atarashii
neu- shin-; shim-
nicht im geringsten chitto mo
nie kesshite
niedlich kawaii
niedrig hikui
Niere jin-zō
noch mada
Norden kita
normal futsū-ni
Nummer ban(go)
nun dewa; soshite; jā
nur dake; tada-
nutzlos dame na

O

oben ue ni
Obst kuda-mono
obwohl de mo; datte
oder mata wa; sore-tomo
oder aber aruiwa
öffnen akeru,2
offen sein aku,1
oft yoku; tabi-tabi
Ohr mimi
okay daijōbu; yoshi
Oma obā-san
Omelett omuretsu
Onkel oji(-san)
Opa ojii-san
Organisation dantai
Ort basho; tokoro
Osten higashi

P

Paket kozutsumi
Papier kami
Papierlaterne chōchin
Park kō-en
Party zum Jahresende bōnen-kai
passen au,1
Patient kanjo

Paukschule juku
Pazifik taiheiyō
Pelz kegawa
Pension, jap. minshuku
Perle shinju
Person hito; kata
Pfeffer koshō
Pferd uma
Pfirsich momo
Pflanzen shokubutsu
Pflaume ume
Pflicht gimu; giri
Pfui! iya da
Pilz kinoko
Pinsel fude
Plattform hōmu noriba
Platz basho; hiroba
plötzlich kyū (ni)
Politik seiji
Polizeistation keisatsu
Portemonnaie saifu
Porzellan tōki
Post yūbin
Postamt yūbin kyoku
Postbeamter yūbin ya
Postkarte hagaki
Preis nedan
Problem mondai
produzieren seisan suru
Prost kampai
prüfen shiraberu,2
Prüfung shiken
Public Relations, PR senden
Puppe ningyō

Q, R

Qualität shitsu
Quelle (heiß) onsen
Quittung uke-tori; ryo-shū-sho
Radio rajio
Räuber dorobō
Rahmen fuchi
Rang dan; yaku
Rasierapparat kamisori
Rat iken; sōdan
Ratte nezumi
Rauchverbot kin'en
rau arai
Raum heya; basho
Rechnung kanjō
rechte Seite migi-gawa
rechts migi
Regal tana
Regen ame
Regenbekleidung ama-gu
Regenschirm kasa
Regierung seifu
Region chiu; chiikii
reinigen sōji suru
Reis, gebraten (chin.) chāhan
Reis (gekocht) go-han
Reis, ungekocht kome
Reise(büro) ryokō(-sha)
Reisebüro, Jap. (JTB) kōtsukō-sha
reisen ryokō suru
Reisepass pasupōto
Reisfeld ta
Reisfeld (nass) suiden
Reisfeld (trocken) tambo
Reiskuchen mochi
Reiswein sake
Reklame senden
Religion shūkyō
rennen hashiru,1
reparieren naosu,1
Reparatur shūzen
Reservierung yoyaku
Restaurant resutoran

Rezeption chō-ba; furonto
richtig chanto; tadashii
Richtung hō; hōko
Rind(fleisch) gyū (niku)
Rock (Damen-) sukāto
Rollbild kake-jiku
Rolltreppe esukarētā
rosa pinku (na)
Rose bara
rot aka(i)
Rücken senaka
Rückseite ura
rufen yobu,1
ruhig shizuka na; otonashii
ruinieren dame ni suru
rund marui

S

S-Bahn densha
Sache koto; mono
Säugling aka-chan
Saft jūsu
sagen iu,1
sagenhaft sugoi
Salz shio
salzig shoppai
sammeln atsumeru,2
Samurai bushi
Sand suna
sanft yawarakai; yasashii
Schachtel hako
schade zannen (na)
Schale chawan
Schatten kage
Schauspiel geki
Scheck kogitte
Scheidung rikon
Schere hasami
Schiff fune
Schildkröte kame
Schinken hamu
Schlaf nemuri
schlafen nemuru,1
schlagen utsu,1
Schlange hebi
schlank hosoi
schlecht warui; heta (na)
schließen shimau,1; shimeru,2
schlimm hidoi
Schloss shiro
Schlüssel kagi
schmal semai
schmerzhaft itai
schmutzig kitanai
schmutzig machen yogoreru,2
Schnee yuki
schneiden kiru,2
schnell hayai
schön utsukushii; kirei (na)
schon sude ni; mō
Schoß hiza
schrecklich mono-sugoi; osoreshii
schreiben kaku,1
Schreibmaschine taipuraitā
schreien nakigoe
Schriftsteller sakka
Schüler seito
Schuh kutsu
Schulden shak-kin
Schule gakkō
Schulter kata
schwach yowai
schwarz kuro(i)
Schwein(efleisch) buta(-niku)
Schweiz suisu
schwer (Gewicht) omoi
Schwert katana
schwierig muzukashii;

schwimmen oyogu,1
schwül (warm) mushi-atsui
See mizu'umi
Seeigel uni
Seekrankheit funa-yoi
Seele kokoro; tamashii
Seepost funa-bin
sehen miru,2
Sehnsucht akogare koishii
sehr daibu; totemo
Seide kinu
Seife sekken
Seil nawa
sein (Menschen) iru,2; **(Sachen)** aru
Sekte shūha
Sekunde byō
selbe, der, die onaji
selbst jibun
selten mezurashi
seltsam hen (na)
separat betsu no
Service sābisu
servieren dasu,1
Sesam goma
setzen, sich suwaru,1
Shintoschrein jingu; jinja
sich irren machigaeru,2
sich schämen hazukashii
sicher anzen (na)
sicher, o.k. daijōbu
Silber gin
singen utau,1
Situation jōtai
Sitz basho
Sitzplatz seki
sofort sugu-ni
Sohn musuko
Sojabohnenpaste miso
Sojasauce shōyu
solch ein anna
Soldat gunjin
Sommer natsu
Sohn bot-chan
Sonne hi; taiyō
Sonnenschein nikkō
Sorte shurui
sozusagen iwaba
spät osoi
später ato ni/de
sparen setsuyaku suru
spazieren sampo suru
Speck bēkon
Speisesaal shokudō
spezial toku-betsu(no)
Spiegel kagami
spielen asobu,1
Spielzeug omocha
Spitze saki
Sport supōtsu; undō
Sprache kotoba, -go
sprechen hanasu,1
Sprichwörter kotowaza
Spritze chūsha
staatlich kokuritsu
Stadt shi; machi
Stange bō
starten deru,2; hajimeru
Staub chiri
Steak sutēki
stellen oku,1
sterben shinu,1
Stern hoshi
Steuer zeikin
steuerfrei men-zei
Stimme koe
Stimmung kibun
stinkend kusai
Stock bō; tsue (Spazier-)
Stock(werk) -kai
störend urusai

Störung jama
Stolz hokori
stolz sein auf hokori to suru
Stop! sutoppu
Strand kaigan; hama
Straße michi
Straßenbahn shi-den
Streichholz matchi
streiten, sich kenka suru
Student gaku-sei
studieren benkyō suru
Studium gaku-mon; benkyō
Stuhl isu
Stunde jikan
Sturm arashi
suchen sagasu,1; tazuneru,2
Süden minami
Südosten nan-tō
Südwesten nan-sei
süß amai
Süßigkeit o-kashi
Summe gōkei
Suppe sūpu
Sympathie kyōkan; dōjō

T

täglich mai-nichi
Tag hi
Tagebuch nikki
Taifun taifū
Tal tani
Tante oba (-san)
tanzen odoru,1
Tasche fukuro
Tasse kappu
Tatsache koto
Taube hato
tauchen moguru,1
Taxi takushii
Taxometer mētā
Team chiimu
Tee cha
Tee (grün) ō-cha; (schwarz) kōcha
Teekult cha-no-yu
Teezeremonie chadō; sadō
Teich ike
Teil bu(bun)
teilen wakeru,2
Telefon denwa
Telefon, öffentl. kōshū-denwa
Telegramm dempō
Teller sara
Tempel o-tera
Tempelfest matsuri
teuer takai
Theater geki (jō)
Thunfisch maguro
tief fukai
Tiefe fukasa
Tier dōbutsu
Tierfedern ke
Tierhaar ke
Tierwolle ke
Tintenfisch ika
Tisch; Schreib- tsukue
Tisch, japanisch shokutaku
Tochter musume
töten korosu,1
Toilette toire; o-te-arai
Toilettenpapier toiretto-pēpā
Ton oto
Tor mon
Tourismus kankō
Tourist kankō-kyaku
Tradition dentō
traditionell dentō-teki
tragen hakobu,1; motsu,1
tragen (Kleidung) haku,1; kiru,2

Training kunren; renshū
Tramper hichihaikā
Traum yume
traurig kanashii
treffen au,1; menkai suru
trennen, sich hanareru,2; wakareru
Treppe kaidan
trinken nomu,1;
trinken (höfl.) itadaku,1
Trinkgeld chippu
trocknen kawaku,1
Tür doa
tun, geben ageru; yaru,1
tun, machen suru
Turm tawā

U

U-Bahn chika-tetsu
USA bei-koku; amerika
Überlandstraße kokudō
übermorgen asatte
übernachten tomaru,1
überqueren wataru,1
übrig bleiben nokoru,1
übrigens nao; tokoro-de
Uhr (Armband-) tokei
umgekehrt hantai
Umschlag fūtō
umsonst tada (no)
Umstand ba'ai
umsteigen nori-kaeru,1
Umweltverschmutzung kōgai
unangenehm iya
unbedingt dōshite mo
unbesetzt aita
unbesetzt sein aku,1
und soshite; to; sore-kara; ya
Unfall jiko
ungeschickt heta (na)
ungünstig fu-ben (na)
Unhöflichkeit shitsurei
Universität dai-gaku
unmittelbar chikai
unmöglich muri (na)
unnötig muda (na); ira-nai
unsicher fuan (na)
unten; unter shita
Untergeschoss chika
Untergrund chika
unterhaltsam omoshiroi
Unterhaltung kaiwa
Unternehmen jitsu-gyō
Unterschrift shomei
unterwegs tochū de
Unwetter arashi
Urlaub kyūka
Ursache riyū; gen-in
usw. nado

V

Vater o-tō-san; (eig.) chichi
vegetarisch sai-shoku-shugí
Ventilator sempū-ki
Verantwortung sekinin
verbieten kinshi suru; kinjiraru,1
verbinden awaseru,2
verderben dame ni suru; kusaru (Essen)
vergessen wasureru,2
Vergnügen goraku
Verkäufer(in) ten-in; urite
verkaufen uru,1
Verkehr kōtsu
verlegen sein komaru,1
verleihen kasu,1

verletzen, sich kega; suru
Verletzung kega
verlieren makeru,2 (Spiel); nakusu (Sachen)
verlöschen kieru,2
verloren gehen nakunaru,1
vermuten omou,1
Verpflichtung gimu
verschicken okuru,1
verschieben enki suru
verschieden betsu no; iroiro no
verschiffen shukka suru
Versicherung hoken
verspäten, sich okureru,2
verspätet osoku natta
Versprechen (machen) yaku-soku (suru)
verstehen wakaru
verstopft (Verkehr) jūtai
Verwaltung gyōsei
Verzehrbon shokken
viel takusan no
viele ōi
vielleicht tabun; osoraku; aruiwa
violett murasaki
Visitenkarte meishi
Vogel tori
voll ippai; man'in
vor (örtl.) mae-ni
Vorbereitung jumbi
Vorderseite mae; saki
vorgestern ototoi
Vormittag go-zen
vorn saki
Vororte kōgai
Vorsicht chūi; yōjin
vorstellen shōkai suru
Vulkan kazan

W

wachsen fueru,2; nobiru (Pflanzen)
wählen erabu
während nagara
Wäsche sentaku
Wagen kuruma
wahrscheinlich rashii
Wald mori; hayashii
Wand kabe
Wandel henka
Wandern haikingu
wann itsu
Ware shōhin
warm atatakai
Warmherzigkeit ninjō
warnen chūi suru
warten matsu
warum? dōshite; naze
was nani
was? e?
was für ein donna
waschen arau,1
waschen sentaku suru
Wasser mizu
Wasser o-yu (heiß); o-mizu (kalt)
Wasserfall taki
Wassermelone suika
wechseln kaeru
Weg michi
wegwerfen suteru,2
weiblich josei-teki
weich yawarakai
Weihrauch kō
Wein budō-shu; wain
weinen nakigoe
weit hiroi; tōi
weiß shiro(i)

welche dō
welche(r/s) dotchi; dore; dono
welcher dochira
Welle nami
Welt sekai
wenig (ein wenig) sukoshi
wenig(e) sukunai
wer dare
wer (höfl.) donata
Werbung senden
werden naru,1
Werft zōsenjo
Werkzeug dōgu
Wertsachen kichōhin
wertvoll daiji na; kichō na
weshalb? naze
Westen nishi
Westen, der seiyō
westlich yō-
Wetter tenki(o-)
Whisky uisukii
wichtig taisetsu na; daiji na; jūyō na
wie dō
wie alt? ikutsu
wie das anna
wie steht's? ikaga
wie teuer? ikura
wie viel? ikura
wie viele? ikutsu
wie wär's? ikaga
wieder mata
wiederholen kurikaesu,1
willkommen! yōkoso; irasshai (mase)
Wind kaze
Winter fuyu
winzig komakai
wirklich hontō no; dōmo
Wirklichkeit genjitsu
Wirkung eikyō
Wirtschaft keizai
wissen (höfl.) zonjiru,2
Witz jōdan
wo doko
Woche shūkan
Wörterbuch jibiki; jisho; jiten
wohin dochira
Wohnblock danchi
Wohnung apāto; manshon; taku
Wolke kumo
wolkig kumori
Wort tango; kotoba
wünschen negau,1; hoshii
würzen chōmi suru
wund kizu
wunderbar suteki na; subarashii
Wunsch nozomi
Wurm mushi

Y, Z

Yam imo
Yen en
z. B. tatoeba
Zahl kazu
zahlen shi-harau,1
Zahn(arzt) ha(-isha)
zart yawarakai
zeigen annai suru
Zeit jikan; toki
Zeitlang, eine shibaraku
Zeitschrift zasshi
Zeitung shimbun
Zentrale hon-ten/ -sha
Zentrum chūshin
Zeremonie shiki
ziehen hiku,1
ziemlich daibu; amari; zuibun

Zierkarpfen koi
Zierkirschbaum sakura
Zigarette tabako
Zimmer heya
Zivilisation bunka
zögern enryo suru; nobasu
Zoll zeikan
Zoo dōbutsu-en
zu Bett gehen neru,2
zu Fuß gehen aruku,1
zu viel ō sugiru
Zucker satō
zudem nao
Zufall gūzen
zufällig gūzen-no
zufriedenstellend yoroshii
Zug ressha
Zug (elektr.) densha
Zukunft shōrai; mirai
Zuneigung aijō; kōi
Zunge shita
zurückgeben kaesu,1
zurückhaltend otonashii
zurückkehren modoru,1; kaeru
zusätzlich sara ni
zusammen issho ni
zusammenkommen atsumaru,1
Zustand jōtai
zustimmen sansei suru
Zustimmung shōnin
Zweck mokuteki
zwei Personen futari
Zwiebel negi
Zwischenfall toppatsu-jiken

Japanisch – Deutsch

A

abunai gefährlich
abura Fett; Öl
abura-mushi Kakerlake
achi-kochi hier und dort(hin)
achira dorthin
agaru essen
agaru,1 aufstehen; -steigen
ageru, 2 tun; geben; heben; braten
ai Liebe
aida während; zwischen
aijō Zuneigung
aisatsu (go-) Gruß
aisukurimu Eiscreme
aite (iru) frei; leer; unbesetzt (sein)
aji Geschmack
Ajia Asien
aji-no-moto Glutamat (zugl. Markenname)
aka(i) rot
aka-chan Baby
akambō Baby
akarui hell
akeru, 2 öffnen
aki Herbst
akirameru, 2 aufgeben;
aku,1 offen, unbesetzt sein
akogare Sehnsucht
ama-gu Regenbekleidung
amai süß
amari ziemlich; zu viel
ame Regen
amerika USA
amerika-jin Amerikaner/in

ana Loch
anata du; Sie
anata-no dein; Ihr (bes.)
anata-tachi ihr (Mz.)
ane ältere Schwester
ani älterer Bruder
anna solch ein; wie das
annai Information
annai suru führen; zeigen
annai(jo) Auskunft(stelle)
ano das; jenes
anshin suru erleichtert sein; entspannt sein
anzen (na) sicher
aoi blau; grün
ao-zora blauer Himmel
apāto Wohnung
arai rau
arashi Sturm; Unwetter
arau,1 waschen
are das
ari Ameise
arigatō Dank(e)
aru,1 es gibt; sein (Sachen)
aruiwa oder aber; vielleicht
aruku,1 zu Fuß gehen
asa Morgen
asa-gohan Frühstück
asatte übermorgen
ashi Bein; Fuß
ashita morgen
asobu,1 spielen
asoko dort
asu morgen
ata(ku)shi ich (weibl.)
atama Kopf
atarashii neu
atatakai warm
ato Rückseite
ato de hinter
ato ni/de später
atsui dick; heiß
atsukau behandeln
atsumaru,1 zusammenkommen
atsumeru, 2 sammeln
au,1 passen; treffen
awaseru, 2 verbinden
azukeru, 2 anvertrauen; deponieren

B

ba'ai Umstand
bai doppelt
-bai Mal, -fach
baikingu Büffet
baka (na) dumm
bakari bloß
ban Abend
banchi Hausnummer
bango Nummer
ban-gohan Abendessen
banzai! Hurra!
bara Rose
basho Ort; Platz; Raum; Sitz
basu Bus
batā Butter
bei-koku USA
bēkon Speck
benjo Toilette; Waschraum
benkyō Studium
benkyō suru studieren
benri (na) günstig
beru Klingel
betsu-no separat; verschieden
betto Bett (Jugendherberge)
bifuteki Beefsteak
biiru Bier
bijutsu Kunst

bijutsukan Galerie
bikkuri suru erstaunt sein
bimbō (na) Armut (arm)
bin Flasche
biru Gebäude
bō Stock
bochi Friedhof
bōeki Handel
boku ich (unter Männern)
bōnen-kai Party zum Jahresende
bonsai Zwergbaum (im Topf)
bōrupen Kugelschreiber
bōsan(o-) buddh. Mönch
bōshi Hut
botan Knopf
bot-chan Junge; Sohn
bōzu buddh. Mönch
bu(bun) Teil
bu-chō Abteilungschef
budō-shu Wein
buk-kyō Buddhismus
bukuro Tasche
bumpō Grammatik
bun-gaku Literatur
bunka Kultur; Zivilisation
burausu Bluse
bushi Krieger, Samurai
buta(-niku) Schwein(-efleisch)
byō Sekunde
byō-in Krankenhaus
byō-ki krank
byō-nin Kranker

C

cha Tee
chadō Teezeremonie
chāhan gebratener Reis (chin.)
cha-iro (na) braun
cha-no-yu Teekult
chanto richtig
chawan Schale
chi Blut
chichi Vater (eigener)
chigai Fehler
chigau,1 anders sein; falsch sein
chihō Gegend
chiimu Team
chiisai klein
chiizu Käse
chika Untergeschoss; Untergrund
chika-goro (na) kürzlich
chikai dicht; nahe; unmittelbar
chika-michi Abkürzung
chika-tetsu U-Bahn
chikara Kraft
chiiki/chiku Region
chikyū Erde; Globus
chippu Trinkgeld
chiri Staub
chiri-gami Toilettenpapier
chiryō suru behandeln
chitai Gegend
chitto mo nicht im geringsten
chizu Landkarte
chō Darm
chō-ba Rezeption
chōchin Papierlaterne
chōdai suru (an)nehmen; empfangen; essen; trinken
chōdo genau
chōjō Gipfel
chokin Ersparnisse
chōmiryō Gewürze
chōmi suru würzen
chūmon suru bestellen
chōsa suru erkundigen
chō-shoku Frühstück
chōten Höhepunkt

chotto Moment bitte!; ein bisschen
chū-goku China
chūi Rat; Vorsicht
chūi suru aufpassen; warnen
chūko-hin Gebrauchtware (Second Hand)
chūmon Bestellung
chūsha(-ki) Spritze
chūshin Zentrum
chūshin-chi Metropole
chū-shoku Mittagessen

D

da sein (Verb)
daburu doppelt
dai- groß
daibu sehr
dai-dokoro Küche
dai-gaku Universität
dai-ichi ni erstens
daiji na wertvoll
daijōbu okay; sicher
daitai ni im Allgemeinen; insgesamt
da-kara deshalb; deswegen
dake bloß
damasu,1 betrügen
dame (na) nutzlos
dame ni suru verderben
dan Rang
danchi Wohnblock
dandan to allmählich
dansei(-teki) männlich
dantai Organisation
dare wer
dareka jemand
dasu,1 (her)ausgeben; servieren
dāsu Dutzend
datte aber; obwohl
de-guchi Ausgang
dekakeru, 2 ausgehen; hinausgehen
dekiru, 2 können
demae Essenslieferung
de mo aber; obwohl
demo Demonstration
demokurashii Demokratie
dempō Telegramm
denchi Batterie
dengon Nachricht
denki Licht (elektr.)
denki-no elektrisch
denkyū Glühbirne
densha S-Bahn; Zug
denshi-kame Fotoapparat, digital
denshi-mēru E-Mail
dentō Licht, elektrisch
dentō(-teki) Tradition; traditionell
denwa(-bangō) Telefon(nummer)
depāto Kaufhaus
deru, 2 starten
desu sein (Verb)
dewa nun
dezāto Nachspeise
dō welche; wie
doa Tür
dōbutsu Tier
dōbutsu-en Zoo
dochira welcher; wohin
dōgu Werkzeug
doitsu Deutschland
doitsu-go deutsche Sprache
doitsu-jin Deutsche(r)
dōjō Sympathie
doko wo
dōmo ganz; sehr; wirklich
donata wer (höflich)

donna was für ein
dono/dore welche(r/s)
dono gurai etwa wie viel? / etwa wie weit? / etwa wie teuer?
dorobō Dieb; Räuber
dōru Dollar
dōshite warum?
dōshite mo unbedingt
dotchi welche(r/s)
dōzo bitte

E

e? was?
ē ja
ea-kon Klimaanlage (air condition)
ebi Hummer; Krabbe
e-hagaki Ansichtskarte
eiga Kinofilm
eiga-kan Kino
ei-go englisch
ei-koku England
eikyō Einfluss; Wirkung
eizu AIDS
eki Bahnhof
eki-ben(tō) Bahnhofs-Lunchbox
empitsu Bleistift
en Kreis; Yen
enerugii Energie
enki suru verschieben
enryo suru zögern
erabu,1 aussuchen
erebētā Fahrstuhl
esukarētā Rolltreppe
ēzu AIDS

F

fōku Gabel
fuan Angst
fuan (na) unsicher
fu-ben (na) ungünstig
fuchi Rahmen
fude Pinsel
fueru, 2 wachsen
fufu Ehepaar
fujin Frau
Fuji-san Fujiyama (Berg)
fukai tief
fukasa Tiefe
fuku Kleidung
fukuro Tasche
fukusō Kleider
fukuzatsu (na) kompliziert
fun Minute
funa-bin Seepost
funa-yoi Seekrankheit
fune Schiff
furansu Frankreich
furansu-go Französisch
furasshu(-raito) Blitzlicht
furo ni hairu baden
furo(o-) Bad
furonto Rezeption
furu,1 fallen (Regen)
furui alt; antik
furusato Heimat
futari zwei Personen
futari-beya Doppelzimmer
fūtō Umschlag
futō Kai
futoi dick; groß
futon Bettzeug
futsū gewöhnlich
futsū ni normal

futsuka-yoi **Kater (Kopfweh)**
fuyu **Winter**

G

gaijin **Ausländer**
gaikoku **Ausland**
gake **Klippe**
gakkō **Schule**
gaku-mon **Studium**
gaku-sei **Schüler; Student**
gaman suru **aushalten; ertragen**
gambaru **anstrengen,sich**
gan **Krebs (Krankheit)**
garasu **Glas**
gasorin **Benzin**
gasorin sutando **Tankstelle**
gasu **Gas**
gatsu **Monat**
geijutsu(-ka) **Kunst, (Künstler)**
geki **Schauspiel**
geki(jō) **Theater**
gendai **Gegenwart**
gen-in **Ursache**
genjitsu **Wirklichkeit**
genki (na) **gesund**
genkin **Bargeld**
genzai **Gegenwart**
genzō **Entwicklung (Film)**
geri **Durchfall**
geta **Holzsandalen**
getsu **Monat**
gimon **Frage**
gimon o motsu **bezweifeln**
gimu **Verpflichtung**
gin **Silber**
ginkō **Bank**
giri **Verpflichtung**
gocha-gocha **Durcheinander**
go-go **Nachmittag**
go-han **Reis (gekocht)**
gokai **Missverständnis**
gōkei **Summe**
gokiburi **Kakerlake**
goma **Sesam**
gomen **Entschuldigung**
gomi **Abfall**
goraku **Vergnügen**
goro **etwa**
go-zen **Vormittag**
guai **Bedingung**
gun(jin) **Armee(soldat)**
gun(tai) **Armee**
gurē **grau**
gūzen **Zufall**
gūzen-no **zufällig**
gyaku **Gegenteil**
gyarerii **Galerie**
gyōgi **Betragen**
gyōsei **Verwaltung**
gyū(-niku) **Rind(fleisch)**
gyū-nyū **(Kuh-)Milch**

H

ha **Zahn; Blatt**
hachi-mitsu **Bienenhonig**
hade (na) **fröhlich; laut**
hae **Fliege**
hagaki **Postkarte**
haha **(eigene) Mutter**
hai **Lunge; ja**
haikingu **wandern**
hairu,1 **betreten**
ha-isha **Zahnarzt**
hai-zara **Aschenbecher**
hajimaru,1 **anfangen; es fängt an**

hajimeru, 2 (etwas) beginnen; starten
hajimete erstmals
hakkiri to bestimmt
hako Schachtel
hakobu,1 befördern;
haku,1 tragen (Kleidung)
hakubutsukan Museum
hama Strand
hambun Hälfte
hamu Schinken
han- halb-
hana Blume; Nase
hana-bi Feuerwerk
hana-ji Nasenbluten
hanareru, 2 trennen,sich
hanashi Gespräch; Geschichte
hanashi o suru Geschichten erzählen
hanasu,1 erzählen; sprechen
han-bun Hälfte
hanko Namensstempel
hantai; -tai gegen
hantō Halbinsel
happa Blatt
hara(-kiri) Bauch (aufschlitzen)
harau,1 bezahlen
hare schönes, klares Wetter
hari Nadel
haru(-maki) Frühling(srolle)
hasami Schere
hashí Brücke; Essstäbchen
hashiru,1 fahren
hassha suru abfahren (Zug)
hasu Lotus
hata Fahne
hatake Feld (trocken)
hataraku,1 arbeiten
hato Taube
hatoba Kai
hatsu-on Aussprache
hattatsu Entwicklung
hayai früh; schnell
hayashi Wald
hazukashii verlegen; scheu; verschämt
hebi Schlange
heiwa Frieden
hen (na) seltsam
henji Antwort
henji o suru antworten
henka Wechsel; Wandel
heta (na) ungeschickt
heya Raum; Zimmer
hi Licht
hichihaikā Tramper
hidari links
hidari-gawa linke Seite
hidoi grausam
hifu Haut
higashi Osten
hihon Japan
hikari Licht
hikō-bin Luftpost
hikōki Flugzeug
hiku,1 ziehen
hikui kurz; niedrig
hima Freizeit
himo Faden
hinkon Armut
hiroba Platz
hiroi breit; weit
hiru (o-) Mittag
hiru-gohan Mittagessen
hito Person
hitori allein
hiza Knie; Schoß
hizuke Datum
hō(-ko) Richtung
hobō hier und da

hodo **etwa**
hoka (na) **andere(r,s)**
hoken **Versicherung**
hokori **Stolz**
hokori to suru **stolz sein auf**
homeru, 2 **bewundern; loben**
hōmu **Plattform**
hon **Buch**
hon-dana **Bücherregal**
hone **Knochen**
hon-mono **echt**
hon-ten/ -sha **Zentrale**
hontō(-no) **wirklich**
hon-ya **Buchladen**
hora **was ist das!**
hōritsu **Gesetz**
hoshi **Stern**
hoshii desu **wünschen**
hosoi **dünn; schlank**
hoteru **Hotel**
hotondo **fast**
hyaku-shō **Bauer**

I

i **Magen**
ichiba **Markt**
ichido **einmal**
ie **Haus**
igirisu **England**
ii **nett**
iie **nein**
ii-ko **nettes Kind**
ika **Tintenfisch**
ikaga **wie wär's/steht's?**
ike **Teich**
ike-bana **Blumensteckkunst**
iken **Rat**
iku,1 **fahren (im Fahrzeug)**
ikura **wie teuer?; wie viel?**
ikutsu **wie alt?; wie viele?**
ima **jetzt**
imi **Bedeutung; Handlung (Theater)**
imin-kyoku **Einwanderungsbehörde**
imo **Kartoffel; Yam**
imōto **jüng. Schwester**
inaka **ländl. Umgebung**
inochi **Leben**
inshō **Eindruck**
inu **Hund**
ippai **voll**
iranai **unnötig**
irasshai (mase) **Willkommen**
iri-guchi **Eingang**
iro **Farbe**
iroiro (na) **verschieden**
iru,1 **benötigen; brauchen**
iru, 2 **bleiben; sein (Verb)**
isha **Arzt**
isogu,1 **beeilen**
issho-ni **gemeinsam; zusammen**
isu **Stuhl**
itadaku,1 **essen**
itai **schmerzhaft, wund**
itamae **Küchenchef (jap.)**
ito **Faden**
itoko **Cousin(e)**
itsu **wann**
itsumo **immer**
it-tō **erste Klasse**
iu,1 **sagen**
iwa **Felsen**
iwaba **sozusagen**
iya **unangenehm; abscheulich**
iya da **Pfui!**

J

jā **nun**
jagaimo **Kartoffel**
jama **Störung**
jibiki **Wörterbuch**
jibun **selbst**
jidai **Zeitraum; Ära**
jidō **automatisch**
jidōsha **Auto**
jikan **Stunde; Zeit**
jikan-hyō **Fahrplan**
jiken **Ereignis; Zwischenfall**
jiko **Unfall**
jimusho **Büro; Amt**
jingu / jinja **Shintoschrein**
jinkō **Bevölkerung**
jishin **Erdbeben**
jisho **Wörterbuch**
jiten **Wörterbuch**
ji-ten-sha **Fahrrad**
jitsugyō **Unternehmen**
jiyū **Freiheit**
jōdan **Witz**
jōken **Bedingung**
josei **Frau**
josei-teki **weiblich**
jōtai **Bedingung; Situation; Zustand**
jōzu (na) **geschickt**
jūbun (na) **genug; genügend**
juku **Paukschule**
jukyō **Konfuzianismus**
jumbi **Vorbereitung**
junkyū **Eilzug**
jūsho **Adresse**
jūsu **Saft**
jūtai **verstopft (Verkehr)**
jūyō (na) **wichtig**

K

ka **Fragepartikel; Moskito**
kabe **Wand (Haus-/Zimmer-)**
kado **Ecke**
kaeru **wechseln**
kaeru,1 **zurückkehren**
kaeru, 2 **ändern**
kaesu,1 **zurückgeben**
kagami **Spiegel**
kage **Schatten**
kagi **Schlüssel**
kagu **Möbel**
kai **Muschel**
-kai **Stock(werk)**
kaidan **Treppe**
kaigan **Küste; Strand**
kaigi **Konferenz**
kaijo **Eröffnung**
kaimono-kyaku **Käufer**
kaisha **Firma**
kaisū-ken **Mehrfahrtenkarte**
kai-te / kai-mono **Käufer / Einkauf**
kaiwa **Unterhaltung; Konversation**
kaji **Feuer (unbeabsichtigt)**
kakaru,1 **dauern; kosten**
kake-jiku **Rollbild**
kaku **jede(r/s)**
kaku,1 **schreiben**
kamai-masen **macht nichts**
kame **Schildkröte**
kamera **Fotoapparat**
kami **Haar; Papier**
kami(-sama) **Gott**
kaminari **Donner**
kamisori **Rasierapparat**
kampai **Prost!**
kan **Dose**
kanai **Ehefrau (eigene)**

kanashii **traurig**
kane (o-) **Geld; Glocke**
kangae **Gedanke**
kangaeru, 2 **denken**
kani **Krebs**
kanjo **Patient**
kanjō **Rechnung**
kankei **Beziehung; Bedeutung**
kan-kiri **Dosenöffner**
kankō **Tourismus**
kankō-kyaku **Tourist**
kanōsei **Möglichkeit**
kantan na **einfach**
kao **Gesicht**
kappu **Tasse**
kara (no) **leer**
... kara **von; seit; weil**
karada **Körper; eigene Gesundheit**
karā-firumu **Film (Farb-)**
karai **gewürzt (scharf)**
karashi **Senf**
karē(-raisu) **Curry (-Reis)**
kariru, 2 **ausleihen**
karui **leicht (Gewicht)**
kasa **Schirm (Regen-)**
kashi **Kuchen**
kasu,1 **verleihen**
kasumi **Dunst; Nebel**
kata **Person**
katachi **Gestalt; Form**
katai **hart**
katamichi (Zug) **einfach**
katamichi-kippu **Fahrkarte (einfach)**
katana **Schwert**
katazukeru, 2 **aufräumen**
katsudō **Handlung;**
katsudō-teki **lebhaft**
katsu(retsu) **Kotelett**
kau,1 **kaufen**
kawa **Fluss; Haut; Leder**
kawai **niedlich; süß**
kawai-sō **bedauernswert; arm**
kawaku,1 (nodo ga -) **trocknen; (Durst haben)**
kawaru,1 **wechseln**
kaya **Moskitonetz**
kazan **Vulkan**
kaze **Wind**
kaze o hiku **sich erkälten**
kazoku **Familie**
kazu **Zahl**
ke **Tierhaar, -wolle, Federn**
kechi (na) **geizig**
kega **Verletzung**
kega suru **sich verletzen**
kegawa **Pelz**
keisatsu **Polizeistation**
keitai **Handy**
keizai **Wirtschaft; Finanzen**
kēki **Kuchen**
kekka **Ergebnis; Wirkung**
kekkon **Heirat**
kekkon suru **heiraten**
kenbutsu **Besichtigung**
kenka suru **sich streiten**
kenkō **Gesundheit**
kenkō (na) **gesund**
kenkyū **Forschung**
keredomo **aber; jedoch**
keshiki **Aussicht; Landschaft**
keshite **nie**
ki **Geist; Gefühl; Vitalkraft**
kibō suru **hoffen**
kibun **Gefühl; Stimmung**
kichōhin **Wertsachen**
kichō na **wertvoll**
kieru, 2 **verlöschen**
kiiroi **gelb**
kiji **Material**

kikai Chance; Gelegenheit; Maschine; Instrument
kiken (na) Gefahr(lich)
kikō Klima
kiku,1 hören, zu-
kiku Chrysantheme
kimeru, 2 entscheiden
kimigayo Nationalhymne (japanische)
kimochi Gefühl; Empfindung
kimono Kleidung
kimyō/okashi na eigenartig
kin Gold
kin'en Rauchverbot
kinen Andenken
kinjiraru,1 verbieten
kinō gestern
kinoko Pilz
kinshi suru verbieten
kinu Seide
kippu Fahrkarte
kirei (na) hübsch
kiri Nebel
kiru, 2 tragen (Kleidung)
kiru, 2 schneiden
kisetsu Jahreszeit
kisha Zug
kissa-ten Café (jap.)
kita Norden
kitai Erwartung
kitanai schmutzig
kitte Briefmarke
kitto bestimmt
kiwamete äußerst
kizu wund
kō Weihrauch
kochira hier
kōcha Tee (schwarz)
kodomo Kind
koe Stimme
kōen Park
kōfuku (na) Glück; (glücklich)
kōgai Vororte; Umweltverschmutzung
kogitte Scheck
kōgyō Ausstellung; Industrie
kōhii Kaffee
kōi Liebe; Wunsch; Zuneigung; (Zier-)Karpfen
koi-bito Liebling
koishii Sehnsucht
kōjō Fabrik
kōkai Bedauern
kokku Küchenchef
koko hier
kokoro Geist; Herz; Seele
-koku -Land
kokudō Überlandstraße
kokuritsu- national-;
kokusai (na) international
kokusai yūsu-hosteru Jugendherberge (International Youth Hostel)
komakai winzig
komaru,1 verlegen sein
komban heute Abend
kome (o-) ungekochter Reis
kon-do jetzt
kono diese(r,s)
konsāto Konzert
koppu Tasse
kore dies
kōri Eis
korosu,1 töten
kōsaten Kreuzung
koshitsu separates Zimmer
koshō Pfeffer
kōshū-denwa öffentl. Telefon
kotaeru, 2 antworten
koto Sache

koto Harfe; Zither (jap.)
kotoba Sprache; Wort
kotowaza Sprichwörter
kōtsu Verkehr
kōtsū-kōsha Japanisches Reisebüro (JTB)
kottōhin Antiquität
kottō (na) antik
kowai ängstlich; furchterregend
kowasu,1 brechen
koya Hütte
kōyō Laubfärbung
kozutsumi Paket
kubi Hals
kuchi Mund
kuda-mono Obst
kudaru,1 herunterfahren/-gehen
kudasaru,1 geben (höfl.)
kūki Luft
kūkō Flughafen
kuma Bär
kumo(-ri) Wolke, (bewölkt)
kuni Land
kunren Training
kurai dunkel
kurikaesu,1 wiederholen
kuro(i) schwarz
kuru,1 kommen
kuruma Auto
kusa Gras; Kraut
kusai stinkend
kusuri Medikament
kusuri-ya Apotheke
kusaru verderben (Essen)
kutsu(-shita) Schuh (Socken)
kuyakusho Bezirksamt
kyabarē Kabarett
kyabetsu Kohl
kyabin Kabine
kyaku (o-) Gast
kyō heute
kyōdai Geschwister
kyōiku Erziehung
kyoka Erlaubnis
kyōkai Kirche
kyōkan Sympathie
kyoku Amt; Büro
kyokutō ferner Osten
kyōmi (ga aru) Interesse (haben)
kyōshi Lehrer
kyū (ni) plötzlich; dringend; steil
kyūji Bedienung
kyūka Ferien; Urlaub
kyūkō Expresszug
kyūkyūsha Krankenwagen
kyūri Gurken

M

machi Stadt
machigaeru, 2 sich irren
mada noch
made bis
mado Fenster
mae Vorderseite
mae-ni vor (örtl.)
magaru,1 abbiegen
maguro Thunfisch
mai- jede(r/s-)
mai-nichi täglich
mairi-masu gehen (höfl.)
makura Kissen
makeru, 2 verlieren (Spiel)
mame Bohnen; Erbsen
mamo-naku bald
man'in voll
man-naka Mitte
manabu lernen
manshon Wohnung

marui rund
massāji Massage
massugu geradeaus
mata wieder
mata wa oder
matchi Streichholz
matsu Kiefer
matsu,1 warten
matsuri Tempelfest
mattau extrem
mazushii arm
me-gane Brille
meishi Visitenkarte
men Maske
menkai Treffen; Interview
men-zei steuerfrei
mētā Taxometer
mētoru Meter
mezurashi selten
michi Straße; Weg
midori grün
migi rechts
migi-gawa rechte Seite
mihon Muster
mijikai kurz
mikan Mandarine
mimi Ohr
minami Süden
minato Hafen
mine Gipfel
mingei-hin Kunsthandwerk
minna insgesamt
minshuku Pension (jap.)
minshushugi Demokratie
mirai Zukunft
miru, 2 sehen
mise Laden
miseru, 2 ausstellen
miso Sojabohnenpaste
mitsukeru, 2 finden
mizu Wasser (kalt)
mizukuri suru einpacken (Gepäck)
mizu-umi See
mo auch
mō bald
mochi Reiskuchen
mochiron natürlich
modoru,1 zurückkehren
moeru, 2 brennen
moguru,1 tauchen
moku-han(ga) Holzschnitt
mokuteki Zweck; Ziel
momiji Ahorn; Laubfärbung
momo Pfirsich
mon Tor
mondai Problem; Frage
mono Sache
mono-sugoi schrecklich
morau,1 bekommen; nehmen
mori Wald
moshi falls
mōshi-komi Antrag; Angebot; Reservierung
moshi-moshi hallo! (Telefon)
mōshi-wake Entschuldigung
motsu,1 tragen
motto mehr
mottomo extrem
moyashi Bohnensprossen
muda (na) unnötig
mugi Getreide
mukai gegenüber
mukō drüben
mune Brust
mura Dorf
murasaki violett
muri (na) unmöglich; unvernünftig
muryō (na) kostenlos
mushi Insekt; Käfer; Wurm

mushi-atsui **schwül(warm)**
musuko **Sohn**
musume **Tochter**
muzukashii **schwierig**

N

na **Name**
nabe **Eintopf**
nado **usw.**
nagai **lang (räuml.)**
nagame **Aussicht**
nagara **während**
nagareru, 2 **fließen**
nagasa **Länge**
naifu **Messer**
naka **innen**
nakama **Gefährte; Kamerad(in)**
nakami **Inhalt**
nakigoe **Schreien; Weinen**
nakunaru,1 **verloren gehen**
nakusu **verlieren (Sachen)**
nami **Brandung; Welle**
nandaka **irgendwie**
nan-de-mo **irgendein, -e**
nani **was**
nanika **etwas, irgend-**
nan-sei **Südwesten**
nan-tō **Südosten**
nao **zudem; und; übrigens**
naosu,1 **reparieren**
narau,1 **lernen**
naru,1 **werden**
narubeku **so...wie; möglich**
nashi **Birne**
nasu **Aubergine**
natsu **Sommer**
nawa **Seil**
naze **warum?; weshalb?**
nedan **Preis**
negau,1 **bitten; wünschen**
negi **Zwiebel**
neko **Katze**
nemuri **Schlaf**
nemuru,1 **schlafen**
neru, 2 **zu Bett gehen**
netsu **Fieber**
nezumi **Maus; Ratte**
nezumi-iro **grau**
nigai **bitter**
nigiyaka (na) **lebhaft**
nihon **Japan**
nihon-go **Japanisch**
nihon-jin **Japaner(in)**
nikki **Tagebuch**
nikkō **Sonnenschein**
niku **Fleisch**
ni-mono **Essen, gekocht**
nimotsu **Gepäck**
ningyō **Puppe**
ninjō **menschliche Natur; Gefühl; Warmherzigkeit**
ninki (na) **beliebt**
ninniku **Knoblauch**
nippon **Japan**
nishi **Westen**
ni-tō **zweite Klasse**
niwa **Garten**
nobasu **zögern**
nobiru **wachsen (Pflanzen)**
noboru,1 **auf-, besteigen**
nodo **Hals**
nodo ga kawaita **Durst haben**
nōgyō **Landwirtschaft**
nohara **Ebene; Feld**
nokoru,1 **übrigbleiben**
nomi-mono **Getränk**
nomu,1 **trinken**
nori **Klebstoff**

noriba Plattform
nori-kaeru,1 umsteigen
noru (issho ni n.),1 (mit)fahren
nozomi Wunsch; Sehnsucht; Erwartung
nureru, 2 nass werden
nuu,1 nähen

O

o- Vorsilbe zur Hervorhebung
ō- Groß-
oba (-san) Tante
obā-san Oma
obi Kimonogürtel
oboeru, 2 erinnern, sich
o-bōsan buddh. Mönch
o-cha Tee, grüner
ochiru,1 fallen
o-daiji ni Passen Sie gut auf sich auf!
odoru,1 tanzen
odoroku,1 erstaunt sein
ōfuku Hin- und Rückfahrt
ōi viele
oishii lecker
oji (-san) Onkel
ojii-san Großvater
oka Hügel
o-kā-san Mutter
o-kashi Süßigkeit
ōkii groß
ōkiku oto o suru laut
okiru, 2 aufstehen
ōki-sa Größe
okoru,1 geschehen; sich ärgern
oku,1 legen; stellen
okureru, 2 sich verspäten
o-kuri-mono Geschenk
okuru,1 befördern
oku-sama Ehefrau (höfl.)
oku-san Ehefrau (höfl.)
o-medetō gozaimasu Herzlichen Glückwunsch!
o-miage Mitbringsel
omocha Spielzeug
omoi schwer (Gewicht)
omoi-dasu,1 sich erinnern
omoshiroi unterhaltsam; interessant
omou,1 glauben
omuretsu Omelett
on Klang
onaji der (die, das)selbe
o-naka Bauch
o-nē-san ält. Schwester
ongaku Musik
on-gakkai Konzert
o-nii-san ält. Bruder
onna Frau
onna-no-ko Mädchen
onsen heiße Quelle
oriru herunterfahren/-gehen
oriru, 2 aussteigen
oshieru, 2 lehren
osoi spät; verspätet
osoraku wahrscheinlich; vielleicht
osoreshii schrecklich
osoku natta verspätet
ō sugiru zu viel
ōsutoriya Österreich
o-te-arai Toilette
o-tera Tempel
oto Klang; Geräusch; Ton
ōtobai Motorrad
otoko Mann
otoko-no-ko Junge
otonashii zurückhaltend; ruhig
otona Erwachsener

o-tō-san **Vater**
otōto **Bruder, jüngerer**
ototoi **vorgestern**
otto **Ehemann**
owaraseru **beenden**
owaru,1 **enden**
oya **Eltern**
oyogu,1 **schwimmen**
o-yu **Wasser, heiß**

P, R

pan **Brot**
pasupōto **Reisepass**
pinku (na) **rosa**
purezento **Geschenk**
rajio **Radio**
raku **bequem**
rakugo **Geschichten, lustige**
rashii **wahrscheinlich**
rekishi **Geschichte**
renraku suru **Kontakt aufnehmen**
renshū **Training**
ressha **Zug**
resutoran **Restaurant**
rēto **(Wechsel-)Kurs**
rikon **Scheidung**
ringo **Apfel**
rippa (na) **ausgezeichnet**
riyū **Ursache**
rusu (no) **abwesend sein**
ryo-gae (suru) **Geld (wechseln)**
ryō-hō (no) **beide**
ryōji-kan **Konsulat**
ryō-kin **Gebühr**
ryokō (suru) **Reise, (reisen)**
ryōri (suru) **Essen (kochen)**
ryōshin (go-) **Eltern**
ryo-shū-sho **Quittung**

S

saba **Makrele**
sabishii **einsam**
sābisu **Service**
sadō **Teezeremonie**
sagasu,1 **suchen**
saifu **Portemonnaie**
saigo (no) **letzte(r,s)**
saigo ni **endlich**
saisho **Anfang**
saka **Hügel**
sakana **Fisch**
sake (o-) **Reiswein**
saki **Vorderseite; vorn; Spitze**
sakka **Schriftsteller**
sakura **Kirschbaum, Zier-**
sammyaku **Gebirgszug**
sampo (suru) **Spaziergang (machen)**
samui **kalt (Wetter)**
-san **Frau-/Herr-; -berg**
sangyō **Industrie**
sansei suru **zustimmen**
sara **Teller**
sara ni **zusätzlich**
saru **Affe**
sasu,1 **hinweisen; zeigen**
sato **Dorf; Heimatstadt**
satō (o-) **Zucker**
satori **Erleuchtung**
satsu **Banknote**
seifu **Regierung**
seiji **Politik**
seikaku **Charakter**
seikakau (na) **genau**
seikatsu **Leben**
seiki **Jahrhundert**
seinen **Jugend(liche/r)**

seisan suru produzieren
seishin Geist
seito Schüler
seiyō Westen, der
sekai Welt
seki Sitzplatz
sekinin Verantwortung; Verpflichtung
sekken Seife
semai schmal; eng
sempū-ki Ventilator
senaka Rücken
senden Werbung; Reklame; PR
sensei Lehrer; Meister
sensō Krieg
sensu (Rund-)Fächer
sentaku Wäsche
sentō Bad, öffentlich
seppuku Bauch aufschlitzen (rituell)
setsu Gelegenheit
setsumei Erklärung; Beschreibung
setsumei-shō Gebrauchsanweisung
setsuyaku suru sparen
sewa (o-) Hilfe
shakai Gesellschaft
shak-kin Schulden
shakuhachi Bambusflöte
shashin (o toru) Foto(grafieren)
(wai-)shatsu Hemd
shawā Dusche
shi Gedicht; Stadt; und
shiawase Glück
shibaraku Zeitlang, eine
shichū Eintopf
shi-den Straßenbahn
shigoto (o-) Arbeit
shi-harau,1 zahlen
shikashi aber
shikata ga arimasen Da kann man nichts machen!
shiken Prüfung
shiki Zeremonie
shikki Lackarbeiten
shim- neu-
shima Insel
shima-jima Inseln
shimau,1 schließen; beenden
shimbun Zeitung
shimeru, 2 etwas schließen
shimpai Angst; Sorge
shin- neu-
shindan Diagnose
shinjiru glauben
shinju Perle
shinrui Verwandtschaft
shinseki Verwandtschaft
shinsen (na) frisch
shinsetsu Freundlichkeit
shinsetsu (na) nett
shinu,1 sterben
shinyō Glaubwürdigkeit; Vertrauen
shio Salz
shioppai salzig
shiraberu, 2 prüfen
shirase Information
shiro (o-) Schloss
shiro(i) weiß
shiryō suru behandeln (med.)
shita unten; unter
shi-ten Filiale
shitsu Qualität
shitsumon Frage
shitsurei Unhöflichkeit
shizen Natur
shizen (na) natürlich
shizuka (na) ruhig
shō-hin Ware

shōjiki (na) **ehrlich**
shōkai suru **vorstellen**
shokken **Verzehrbon (Lokal)**
shokubutsu **Pflanzen**
shokudo **Speisesaal**
shokugyō **Beruf**
shokuji **Mahlzeit**
shokutaku **Tisch, jap.**
shokuyoku **Appetit**
shomei **Unterschrift**
shōmei (suru) **Beweis(en)**
shōnin **Händler; Zustimmung**
shoppai **salzig**
shōrai **Zukunft**
shōshō **ein wenig**
shōtai **Einladung**
shōyu (o-) **Sojasoße**
shufu **Metropole**
shūha **Sekte**
shujin (o-) **Ehemann**
shūkan **Brauch; Woche**
shukka suru **verschiffen**
shūkyo **Glaube; Religion**
shumi **Geschmack**
shuppatsu **Abfahrt**
shurui **Art; Sorte**
shuto **Hauptstadt**
shūzen **Reparatur**
sochira **dorthin**
sōdan **Rat**
sōji suru **reinigen**
soko **dort**
sono **jene(r,s)**
sora **Himmel**
sore **das**
sore-kara **und**
sore-tomo **oder**
soshite **nun**
soto **außen**
subarashii **wunderbar**
sude ni **schon**
sugoi **sagenhaft**
sugu ni **sofort**
suiden **Reisfeld (nass)**
suika **Wassermelone**
suisu **Schweiz**
sukāto **Rock**
suki desu **mögen**
suki na- **Lieblings-**
sukoshi **etwas; wenig**
sukunai **wenig(e)**
sumimasen **Entschuldigung**
sumu,1 **leben**
suna **Sand**
supōtsu **Sport**
sūpu **Suppe**
supūn **Löffel**
suru **tun; machen**
sutēki **Steak**
suteki (na) **wunderbar**
suteru, 2 **wegwerfen**
sutoppu **stop**
suwaru,1 **sich setzen**
suzushii **kühl**

T

ta **Reisfeld**
tabako **Zigarette**
taberu, 2 **essen**
tabi-tabi **oft**
tabun **vielleicht**
tada- **nur**
tada (no) **umsonst**
tadaima **jetzt; gleich**
tadashii **richtig**
tai-/-tai **gegen**
taifū **Taifun; Wirbelsturm**
taiheiyō **Pazifik**

taihen (na) **schwierig**
taiseiyō **Atlantik**
taisetsu (na) **wichtig**
taitei **gewöhnlich**
taiyō **Sonne; Ozean**
taizai **Aufenthalt**
takasa **Höhe**
takai **hoch; laut; teuer**
take **Höhe**
taki **Wasserfall**
toko **Bett (Futon)**
taku **Wohnung**
takusan (no) **viel**
takushii **Taxi**
tama **Kugel; Ball**
tamago **Ei**
tama-ni **manchmal**
tamashii **Seele; Geist**
tambo **Reisfeld (trocken)**
tamotsu **halten**
tana **Regal**
tango **Wort**
tani **Tal**
tanjōbi **Geburtstag**
tanomu,1 **bitten um**
tanoshii **angenehm**
taoru **Handtuch**
tasuke **Hilfe**
tasukeru, 2 **helfen; retten**
tatadaima **jetzt**
tate-mono **Gebäude**
tatoeba **z. B.**
tatsu,1 **abreisen; aufstehen**
tawā **Turm**
tazuneru, 2 **(be)suchen**
te **Hand**
tēburu **Tisch**
te-gaki **handgemalt**
te-gami **Brief**
teikyō **Angebot**
ten-in **Verkäufer, -in**
tenji-kai **Ausstellung**
tenki (o-) **Wetter**
tennō **Kaiser**
tenran-kai **Ausstellung**
te-nugui **Handtuch**
terebi **Fernseher**
te-sei **handgearbeitet**
tetsu(-dō) **Eisen(bahn)**
tetsudau,1 **helfen**
tettei-teki **gründlich**
to **und**
tobu,1 **fliegen**
tochi **Land**
tochū de **unterwegs**
todokeru, 2 **berichten**
todoku,1 **ankommen**
tōge **Bergpass, Bergsattel**
tōi **weit**
toire **Toilette**
toiretto-pēpā **Toilettenpapier**
tokei **(Armband-)Uhr**
toki **Augenblick; Zeit**
tōki **Porzellan**
toki-doki **ab und zu**
toko **Bett**
tokoro **Ort**
tokoro-de **übrigens**
tokoro-ga **aber**
tokoya **Friseur**
toku ni **besonders**
toku-betsu (no) **spezial**
tomaru,1 **übernachten**
tonari **Nachbar**
toppatsu-jiken **Zwischenfall**
torakku **LKW**
tori **Vogel**
toru,1 **halten; nehmen**
toshi-yori **alt (Mensch)**
toshokan **Bücherei**

totemo sehr
tozan(-sha) Bergsteigen (-er)
tsue (Spazier-) Stock
tsugi no nächste(r,s)
tsukeru, 2 befestigen
tsuki Monat; Mond
tsuku,1 ankommen
tsukue Tisch, Schreib-
tsuma Ehefrau, eigene
tsumaranai langweilig
tsumari nämlich; mehr o. weniger
tsuri Angeln
tsutaeru berichten
tsutomeru, 2 angestellt sein
tsumetai kalt (Wasser)
tsutsumu,1 einpacken (Geschenk)
tsūyaku Dolmetscher

U

uchi Haus
uchiwa (Rund-)Fächer
ude Arm
ue ni oben
uētā-san, uētoresu-san Bedienung
ugoki Bewegung
ugoku,1 bewegen, sich
uisukii Whisky
ukagau,1 besuchen; fragen (höfl.)
uke-tori Quittung
uma Pferd
umai gut; köstlich
umareru, 2 geboren werden
ume Pflaume
umi Meer
unagi Aal
undō Bewegung
uni Seeigel
unten suru (selbst) fahren
uo Fisch
ura Rückseite
ureshii froh
urite Verkäufer
uru,1 verkaufen
urusai laut
urushi Lack
usagi Hase
ushi Kuh
ushiro hinten
uso Lüge
uso o tsuku,1 lügen
uta Lied; Gedicht
utau,1 singen
utsu,1 schlagen
utsukushii hübsch
uwagi Jacke

W

wa- japanisch-
wabi Vorliebe für Schlichtes/ Einfaches
wain Wein
wai-shatsu Hemd
wakai jung
wakarimashita Ja, einverstanden!
wakaru,1 verstehen
wakareru trennen, sich
wake Bedeutung
wakeru, 2 teilen
wampiisu Kleid
wāpuro PC
warau,1 lachen
waribiki Ermäßigung
warui böse; falsch; schlecht
washi Japanpapier
wasureru, 2 vergessen
wataru,1 überqueren

Y

ya und
yahari auch; ebenso
yakeru, 2 brennen
yaki-mono Keramik
yakitsuke Fotoabzug
yaku Rang
yaku,1 brennen; grillen
yakunin Beamter
yakusoku Versprechen
yakuza Gangster (organ.)
yama Berg
yameru, 2 aufhören
yane Dach
yaru,1 tun; geben
yasai Gemüse
yasashii sanft
yasui billig
yasumi Freizeit
yasumu,1 ausruhen
yawarakai mild; sanft; weich; zart
yō- westlich
yobu,1 rufen
yōchi-en Kindergarten
yōfuku Kleid
yogoreru, 2 schmutzig machen
yōjin Vorsicht
yōkoso willkommen!
yoku gründlich
yome Braut
yomu,1 lesen
yorokobu,1 sich freuen
yoroshii sehr gut; zufrieden-stellend
yoru Abend
yoshi o. k.
yōsu Bedingung
yowai schwach
yoyaku Reservierung
yubi Finger
yūbin Post
yūbin-ya(-san) Postbeamter
yū-han Abendessen
yukai (na) lustig
yukata Hauskimono
yuki Schnee
yukkuri langsam
yūko (na) gültig
yume Traum
yumei berühmt
yunyū Import
yūrei Geist/Gespenst
yūro Euro
yurusu,1 erlauben; zulassen
yūsen suru bevorzugen
yū-shoku Abendessen
yushutsu Export
yusu-hosuteru Jugendherberge
yūyake Abendrot

Z

zairyō Material
zankoku grausam
zannen (na) schade
zasshi Zeitschrift
zeikan Zoll
zeikin Steuer
zeitaku Luxus
zembu ganz
zen- alles-, ganz-
zonjiru, 2 (go-) wissen (höfl.)
zōsenjo Werft
zubon Hose
zuibun ziemlich; ganz

Literaturhinweise

Wenn Sie alles können, was in diesem Büchlein steht, haben Sie wahrscheinlich Lust, weiterzulernen. In Japan gibt es eine riesige Auswahl an Lehrbüchern, Literatur und anderen Medien. Aber auch in Deutschland gibt es in gut sortierten Buchhandlungen eine große Auswahl.

Lehrbücher

Das lange von mir empfohlene englischsprachige **„Japanese for Today“** (Gakken) ist zwar leider längst vergriffen, aber gelegentlich gebraucht online erhältlich.

Alternativ bietet sich der deutschsprachige Kurs an, der unter **www.sauseschritt.com/sause1_de.htm** angeboten wird (mit kostenlosem Vokabeltrainer).

Wer kostenlos lernen will, kann sich im Internet orientieren: Für den Einstieg gibt es z. B. einen Sprachführer, der den vorliegenden Band ergänzen kann:
wikitravel.org/de/Sprachführer_Japanisch

Das deutsch-japanische Online-Wörterbuch **www.wadoku.de** ist leicht zu bedienen, setzt aber Kenntnis der **kana** voraus.

Einige Schritte weiter geht das Kanji-Wörterbuch **www.saiga-jp.com/kanji_dictionary.html,** das verschiedene Lesarten und Anwendungsbeispiele gibt für mehr als 3000 Kanji, deren Aussprache man sich auch anhören kann. Auch hier muss man die **kana** bereits lesen können.

Wer sich für Literatur im Original interessiert, aber noch nicht viele **kanji** kennt, kann sich in Japan sogenannte **junior-muke-**Bücher kaufen: neben jedem **kanji** steht die Lesart in **Hiragana** (**furigana** genannt).

Schrift

Wenn Sie sich für die Schrift interessieren, haben Sie sowohl Lehrbücher als auch Software zur Auswahl:

Kanji und Kana.
Langenscheidts Handbuch und Lexikon der japanischen Schrift.
Band 1 Handbuch. ISBN 978-3-468-49388-1
Band 2 Wörterbuch. ISBN 978-3-468-49389-8

Alternativ: **Langenscheidt Expresskurs Japanische Schriftzeichen.** Ohne Vorkenntnisse vermittelt dieses Buch 300 der wichtigsten und gebräuchlichsten japanischen Schriftzeichen. ISBN 978-3-468-27190-8

Und noch etwas zum Thema Kanji lernen:
www.kanji-lernen.de

Zum Schluss

Japanisch lernen heißt japanisch denken lernen. Dazu passt ein bekanntes Sprichwort:

gō ni itte wa gō ni shitagae
Dorf in hineingehend 1 Dorf in anpassen
Wenn du in ein Dorf gehst,
richte dich nach seinen Gepflogenheiten.

Trotz der Dominanz von **Tōkyō** haben die Menschen ein starkes Bewusstsein für ihre Heimat bewahrt. Die Tōkyōter haben seit der Edo-Zeit den Ruf, großzügig, ehrlich, hart arbeitend, aber auch streitlustig zu sein. Wer aus **Kyōto** stammt, ist stolz auf das kulturelle Herz Japans, gilt aber aus Tokyoter Sicht als weich, elegant, höflich, aber nicht unbedingt ehrlich. Die Menschen aus dem benachbarten **Ōsaka** werden für geschäftstüchtig und bisweilen geizig gehalten, aber sie sind angesichts ihrer Gaumenfreude alles andere als Langweiler. Die Menschen aus **Shikoku** und **Kyūshū** werden als traditionsbewusst, großzügig und gutmütig eingeschätzt, die aus dem Norden sind zurückhaltender gegenüber Fremden. **Hokkaidō** macht eine Ausnahme, da es vor allem von Auswanderern aus **Tōkyō** besiedelt wurde. Vorher lebten dort nur **Ainu,** die sich inzwischen fast ganz mit den Japanern vermischt haben.

Also viel Spaß und tolle Erlebnisse in Japan!

Der Autor

Martin Lutterjohann, Jahrgang 1943, Diplom-Psychologe, seit mehr als 50 Jahren verheiratet mit Sakae, die aus Tōkyō stammt; fast ebenso lange kennt er Japan, das er zwischen 1970 und 2023 mehr als zwei Dutzend Mal besucht und wo er insgesamt mehr als zwei Jahre gelebt hat. Von Inseln südlich und östlich von Kyūshū bis Rishirito im äußersten Norden Hokkaidōs hat er vieles vom Land gesehen.

Durch sein Hobby Bergsteigen kennt er die höchsten Gipfel der Hauptinseln, aber auch viele der berühmtesten Schreine, Tempel und Gärten. Dank eines Forschungsstipendiums des japanischen Erziehungsministeriums konnte er Mitte der 1970er Jahre über längere Zeit den Arbeitsalltag an zwei renommierten Universitäten kennenlernen und hat dabei so gründlich Japanisch sprechen gelernt, dass er es auch heute noch gut sprechen und viele Schriftzeichen lesen kann. Im Reise Know-How Verlag sind von Martin Lutterjohann erschienen: die Kauderwelsch-Bände „Thai – Wort für Wort“, „Malaiisch – Wort für Wort“, „Neuseeland Slang – das Englisch Neuseelands“, sowie „CityTrip Plus Tokyo”, „KulturSchock Japan“ und „Reisehandbuch Malaysia mit Singapur und Brunei“.

Impressum

Martin Lutterjohann
Japanisch – Wort für Wort

erschienen im
Reise Know-How Verlag Peter Rump GmbH,
Osnabrücker Str. 79, 33649 Bielefeld

20. neu bearbeitete und verbesserte Auflage 2024

ISBN 978-3-8317-6584-3

Gestaltung und Bearbeitung: der Verlag
Kartografie: Thomas Buri
Fotos: AdobeStock: yoko_ken_chan (Cover), shirophoto (S. 11), Anthony Shaw (S. 61), eyetronic (S. 94), Twill (S. 129), Martin Lutterjohann (S. 73, 107, 112, 174)

Druck und Bindung:
mediaprint solutions GmbH, Paderborn

Bibliografische Information der Deutschen Nationalbibliothek
Die Deutsche Nationalbibliothek verzeichnet diese Publikation in der Deutschen Nationalbibliografie; detaillierte bibliografische Daten sind im Internet über http://dnb.dnb.de abrufbar.

Reise Know-How-Bücher finden Sie in allen gut sortierten Buchhandlungen.
Falls nicht, kann Ihre Buchhandlung unsere Bücher hier bestellen:
D: Prolit GmbH, prolit.de und alle Barsortimente
CH: AVA Verlagsauslieferung AG, ava.ch
A: Freytag-Berndt und Artaria KG, freytagberndt.com
B, Lux, NL: Willems Adventure, willemsadventure.nl
oder direkt über den Verlag: www.reise-know-how.de

Bildlegende für die Kapitelstartseiten:
S. 11: Blick auf Yokohama und den Fuji
S. 61: die Kabuki-Straße in Shinyuku, Tōkyō, ist berühmt für ihr Nachtleben
S. 129: Kap von Hirakubo, Insel Ishigaki, Präfektur Okinawa

Effektiver Sprachen lernen –

Aussprache trainieren

1. In diesem Buch gibt es kostenlose Aussprachebeispiele zum Anhören.

Den QR-Code mit einem Smartphone scannen, um zu den Aussprachebeispielen zu kommen.
Alternativ kann man diese auch unter:
www.reise-know-how.de/kauderwelsch/006
erreichen.

2. Unsere separat erhältlichen AusspracheTrainer bieten noch umfangreicheres Tonmaterial und ermöglichen so ein unkompliziertes Erlernen der neuen Sprache, auch unabhängig von den jeweiligen Kauderwelsch-Büchern.

Die MP3s sind über den Online-Buchhandel oder unseren Shop erhältlich: www.reise-know-how.de